dtv

Wer Deutschland sehen will, fährt nach Berlin oder München, auch an den Rhein. Aber liegt das wirkliche Deutschland nicht ganz woanders? Wilhelm Genazino nimmt den Leser mit auf eine poetische Lokalrunde durch die Stadt, die in seinen berühmten Romanen ein häufiger Schauplatz ist: Frankfurt am Main mit seinen tristen Einkaufsstraßen und gleichförmigen Vororten, schummrigen Fußgängerunterführungen und grauen Kiosken. Zugleich rekonstruiert er voller Witz seinen eigenen Weg durch Frankfurt – von der frühen Zeit als ›pardon‹-Redakteur, als zwischenzeitlich halb gescheiterter Schriftsteller, als stiller, aufmerksamer Beobachter einer gewöhnlichen Stadt, die exotischer ist als die Ferne, die inzwischen jeder kennt.

Wilhelm Genazino, 1943 in Mannheim geboren, arbeitete zunächst als Journalist, später als Redakteur und Hörspielautor. Als Romanautor wurde er 1977 mit seiner ›Abschaffel‹-Trilogie bekannt und gehört seitdem zu den wichtigsten deutschen Gegenwartsautoren. Für sein umfangreiches Werk wurde er mit zahlreichen Preisen geehrt, unter anderem erhielt er 1998 den Großen Literaturpreis der Bayerischen Akademie der Schönen Künste, 2004 den Georg-Büchner-Preis sowie 2007 den Kleist-Preis. 2011 wurde Genazino in die Akademie der Künste gewählt. 2013 erhielt er den Kasseler Literaturpreis für grotesken Humor. Wilhelm Genazino lebt in Frankfurt am Main.

Wilhelm Genazino

Tarzan am Main

Spaziergänge in der
Mitte Deutschlands

Deutscher Taschenbuch Verlag

Eine Übersicht über weitere Titel von
Wilhelm Genazino, die im Deutschen Taschenbuch Verlag
erschienen sind, findet sich am Ende des Buches.

**Ausführliche Informationen über
unsere Autoren und Bücher
finden Sie auf unserer Website
www.dtv.de**

2014 Deutscher Taschenbuch Verlag GmbH & Co. KG,
München
Lizenzausgabe mit Genehmigung des Carl Hanser Verlag

Umschlagkonzept: Balk & Brumshagen
Umschlaggestaltung: Wildes Blut, Atelier für Gestaltung,
Stephanie Weischer unter Verwendung
von Fotos von plainpicture
Druck und Bindung: C.H.Beck, Nördlingen
Gedruckt auf säurefreiem, chlorfrei gebleichtem Papier
Printed in Germany · ISBN 978-3-423-14366-0

In der Rohrbach-Straße geht ein nach Sandelholz duftender Inder an mir vorbei. Ihm folgt ein junger Mann, der sich während des Gehens mit einem kleinen Kamm den Oberlippenbart kämmt. Beide beobachten ein paar Schüler an einer Straßenbahn-Haltestelle. Einer von ihnen hat eine Freundin dabei und knutscht sie, zwei andere ohne Freundin schauen dabei zu und werden verlegen. Ich biege ab in die Rotlint-Straße und schaue von außen in das etwas tiefer gelegene Schaufenster eines Cafés. Einige Gäste haben ihre Mäntel und Jacken zusammengeknüllt und auf freien Stühlen abgelegt. Diese merkwürdigen, meist dunkelfarbigen Knäuel und Klumpen sehen von außen aus wie verhüllte Lebewesen, so dass der Raum momentweise anmutet wie ein Café für entkommene Pelztiere. Manchmal sitzt auch mein Freund Walter in diesem Café. In seiner winzigen Wohnung in der Vogelsberg-Straße fällt oft die Heizung aus, und weil er es müde ist, sich mit Monteuren auseinanderzusetzen, ist er dazu übergegangen, mit Mantel, Mütze und Schal zu arbeiten. Er sagt, im Mantel habe er das Gefühl, von allem weit entfernt zu sein, besonders von sich selbst. Außerdem gefällt es ihm, im Mantel an das Fenster zu treten und eine Bekannte auf der Straße zu grüßen, zum Beispiel Elvira, die nicht weit von hier wohnt, übrigens ebenfalls in einer bescheidenen Wohnung. Elvira absolviert eine schwierige, lang andauernde Tanzausbildung; sie passt zu ihr, denn auch Elvira ist schwierig und hat Sonderwünsche, die ihr das Leben zusätzlich erschweren. Ich schaue das unglaublich flackernde Neonlicht in der Änderungsschneiderei Pasqualetto an. Wie jeden Tag sind Herr und Frau Pasqualetto über ihre Nähmaschinen gebeugt. Über ihnen zuckt das Licht mehrerer defekter Neonröhren. Manchmal wirkt es wie ein aufkommendes Gewitter, aber Herr und Frau Pasqualetto arbeiten ungerührt Tag für Tag. Weil mir der kleine Spaziergang geglückt erscheint, werde ich mir ein Stück Torte kaufen. Im Winkel von nahezu neunzig Grad gehe ich auf eine Bäckerei zu. Ich sage, dass ich ein Stück Schokoladentorte wünsche, und sehe der Verkäuferin dabei zu, wie sie sich einen Pappdeckel für das Stück Torte zurechtlegt. Da fragt mich die Verkäuferin, ob sie das Tortenstück auf den Pappdeckel legen darf oder ob es aufgestellt bleiben muss. Eine derartig einfühlsame Frage habe ich in einer Bäckerei noch nie gehört. Ich habe nicht einmal gewusst, dass eine solche Frage überhaupt gestellt werden kann. Deswegen weiß ich auch keine Antwort, jedenfalls nicht so schnell. Ich gebe einen ausweichenden Laut von mir, den die Verkäuferin offenbar so auslegt, dass ich vielleicht nur aus Scheu nicht sagen will, dass ich ein aufgestelltes Stück Torte bevorzuge. Ich schweige und bewundere die zahlreichen Handgriffe, die nötig sind, ein Stück Torte von einer Kuchenplatte zu lösen und es aufrecht und ohne irgendwelche Schäden auf einen Pappdeckel zu heben und das Ganze dann auch noch in ein Stück Papier einzuschlagen.

Wer in einem Flugzeug sitzt und sich langsam der Stadt Frankfurt am Main nähert, wird Opfer einer harmlosen Blendung. Etwa fünfzehn Minuten dauert der Sinkflug, und er spielt sich über schier endlosen Häusermeeren ab. In der Mitte des Panoramas erhebt sich machtvoll eine Wand von Hochhäusern, die zusammengewachsen scheinen. Wer die Geographie nicht kennt, hält den riesigen Teppich von bebautem Gelände für Teile von Frankfurt, das seit langer Zeit damit leben muss, dass sie für die amerikanischste Stadt Deutschlands gehalten wird. Aber die Stewardess hat unzweideutig erklärt: Wir nähern uns Frankfurt am Main. Nur der Ortskundige weiß, dass der Stadtrand im Osten nicht Frankfurt ist, sondern Offenbach und Hanau, und er weiß (je nachdem, aus welcher Richtung wir anfliegen), dass der Rand im Westen ebenfalls nicht Frankfurt ist, sondern Wiesbaden. Ähnlich täuschend sind die Verhältnisse im Süden und Norden; im Süden sehen wir die Ausläufer von Viernheim, Lampertheim und Darmstadt, im Norden die Ränder von Bad Homburg. Die Lösung ist einfach: Von oben erkennen wir die Stadtgrenzen nicht. Tatsächlich sieht der Ballungsraum Rhein-Main von oben aus wie eine einzige Monsterstadt. Wer nach der Landung das Gefühl einer Enttäuschung nicht los wird, muss sich, je mehr sich der Stadtkern nähert, auf weitere Desillusionierungen einstellen.

Das Stadtzentrum von Frankfurt kann man in zwanzig Minuten durchqueren. Dabei weiß man nicht recht, ob man das Bankenviertel zum Zentrum zählen soll oder nicht. Das Problem ist: Das Bankenviertel beeindruckt nur von oben. Zwischen den Türmen selber ist nichts los. Sie stehen blank nebeneinander, vor den Eingängen befinden sich sauber gefegte Kleinplätze, wir sehen Pförtner und anderes Bewachungspersonal. Von der Europäischen Zentralbank zur Commerzbank braucht der Fußgänger zwei Minuten. Von der Commerzbank zur Deka-Bank sind es sechs Minuten. Von der Deka-Bank zur Deutschen Bank reichen drei Minuten. Touristen sieht man hier nicht, worüber sich niemand wundert. Der Grund ist banal: Es gibt hier nichts zu sehen, wovon man später erzählen könnte. Es sei denn, der Tourist kommt ein bisschen vom Weg ab und lässt sich – jenseits der Weserstraße in Richtung Hauptbahnhof – in das nur ein paar Meter daneben liegende Rotlicht-Viertel hineintreiben.

Aber das Rotlicht-Viertel ist nicht mehr, was es früher war. Im Grunde ist das Wort Rotlicht-Viertel eine Übertreibung aus alten Zeiten. Man findet das Wort nur noch in ahnungslosen Stadtführern, verfasst von ahnungslosen Leuten, die nie hier waren. In den siebziger Jahren, als noch niemand das Wort Bankenviertel kannte, war das noch anders. Damals gab es hier zahllose heruntergekommene Altbauten. Die Erdgeschosse waren leergeräumt für Stehbordelle, weil die sogenannte Straßenprostitution eigentlich verboten war. Freilich hielt sich niemand an dieses Verbot. Huren standen in großer Zahl an den Straßenecken oder fuhren in silbrigen Coupés im Viertel umher, um die sowieso schon schnelle Geschlechtlichkeit noch schneller im Auto zu erledigen und der Scham fast spurlos zu entkommen.

Ich erinnere mich gut an diese Jahre, als besorgte Stimmen die Banken davor warnten, in diesem Milieu zu bauen. Die Leute stellten sich tatsächlich vor, dass der Ruf der Banken durch das Hintertreppenmilieu Schaden nehmen könnte. Das Gegenteil trat ein. Über Jahre hin hatten sich die Stadtväter den Kopf zerbrochen, wie man den Sumpf des Bahnhofsviertels trockenlegen könne – ohne Erfolg. Es musste buchstäblich die alles beiseiteräumende Expansion der Banken eintreten, um das Beischlafgewerbe mehr und mehr in die Schranken zu weisen. Da und dort gibt es zwar immer noch kleine Bordelle. Manchmal huscht eine Prostituierte über die Straße, um sich im Obstladen gegenüber ein paar Orangen zu kaufen – aber sonst ist das Viertel nahezu aseptisch geworden. Auf den Plätzen vor den Banken warten keine Prostituierten. Sextouristen verirren sich nicht mehr in diese Gegend. Die Portiers vor den Drehtüren der Banken werden nicht als Sehenswürdigkeiten empfunden. Insofern muss man sagen: Die Gegend wird zwar von Jahr zu Jahr sauberer, aber attraktiv ist sie nicht mehr. In den siebziger und achtziger Jahren fluteten Nachmittag für Nachmittag tausende von unruhigen Männern durch die Straßen. Sie schauten in hunderte von Zimmern, ehe sie sich endlich für eine Dame entschieden. Dieser stundenlange innere Aufschub war das eigentliche »Erlebnis«. Vorbei! Die Zeiten, als das Bahnhofsviertel mit Hamburger oder Amsterdamer Verhältnissen verglichen wurde, sind nicht mehr.

Man muss anerkennen, dass Frankfurt in den vergangenen zwanzig Jahren eine Art Bedeutungsverlust hat verkraften müssen. Der Beginn der Verschiebung lässt sich datieren: Es war (ist) der Herbst 1989, das Datum der deutschen Wiedervereinigung. Von diesem Zeitpunkt an haben sich die Gewichte verlagert. Bis zur Wiedervereinigung war Frankfurt ein auffälliger Glanzpunkt im kleinen Westdeutschland. Sein Standort war zentraleuropäisch und wurde auch so wahrgenommen. Als die Bundesbahn, zusammen mit den französischen Eisenbahnen, eine neue Schnellbahnverbindung Frankfurt-Paris einrichtete, erschien Frankfurt plötzlich gleichrangig mit Paris. Nicht wenige Beobachter rieben sich die Augen. Trotzdem war die Aufwertung in Ordnung. Natürlich konnte Frankfurt nicht mit den Pariser Reizen konkurrieren, aber diese Konkurrenz war auch nicht gemeint. Sondern diese: Frankfurt beeindruckte den Rest der Republik mit seiner furchteinflößenden wirtschaftlichen Potenz. Man konnte jetzt in den Zeitungen lesen, dass der Frankfurter Kulturetat höher war als der Pariser Etat. Die Wiedervereinigung hat diesen Taumel beendet. Die Blicke richten sich heute nach Berlin. *Nach* Berlin kommt lange nichts. Jetzt läuft Frankfurt in seinem zu groß geratenen Anzug herum und will nicht recht wahrhaben, dass es heimlich herabgestuft wurde und dass es diese Rückstufung nicht mehr aufholen kann, auch wenn das Label »Bankenstadt« immer noch glitzert und prunkt. Aber die Bankenstadt hat keinen Appeal. Es kommt niemand in das Viertel, um Herrn Kopper beim Aussteigen aus seinem Mercedes anzustaunen.

Und plötzlich ist auch spürbar, dass die Einbetonierung der Stadt deren Lebensqualität mindert. Es gibt – zum Beispiel – im inneren Stadtgebiet nur einen einzigen größeren Park, den Grüneburgpark. Die anderen, kleineren Parks sind tagsüber bis auf den letzten Platz von Müttern mit Kleinkindern in Beschlag genommen, so dass sich auch hier die Enge abbildet – und, auch in den »Grünanlagen«, das Problem des Lärms. Im Sommer strömen nicht nur die Mütter herbei, sondern noch viel mehr junge Leute, die Fußball, Handball und Federball spielen wollen, natürlich mit dauernder Musikbeschallung. Dazwischen breiten sich große ausländische Familien aus, die auf Wolldecken lagern und ihr Sonntagspicknick genießen wollen. Oft rollt der Ball der Fußballspieler zu dicht am Gurkensalat vorbei oder trifft den mit keiner Attacke rechnenden Rücken einer griechischen Mutter. Das ist der Verdruss der Enge, der am Ende bei den Leuten ankommt und sich dort nicht weiter auflöst. Selbst ich, der ich nur lesen will und mit dem Randplatz auf einer Bank zufrieden bin, nehme Anstoß an zu vielen freilaufenden Hunden, an zu vielen vorbeikeuchenden Joggern, an zu vielen rücksichtslosen Radfahrern, an zu vielen schreienden Kindern mit ihren lärmenden Spielzeugen. An eigentlich stillen Sonntagen sieht der Güntersburgpark aus wie eine einzige große Bedürfnisanstalt. Und es ist keine Lösung in Sicht. Die Stadt kann den Platzmangel nicht wegzaubern, man muss sich arrangieren – oder sich in die S-Bahn setzen und in den Taunus verschwinden. Leider tritt die Enge auch an anderen, markanteren Stellen hervor und führt zu wenig charmanten Ergebnissen. So löblich es war, neben dem Museum für moderne Kunst eine weitere Kunsthalle zu bauen, so unbefriedigend ist die städtebauliche Einlösung. Ich spreche von der Schirn Kunsthalle auf dem Römerberg. Der Platzmangel wurde von den Stadtvätern vermeintlich kühn geleugnet. Es gab (es gibt) für ein so mächtiges neues Projekt wie eine Kunsthalle dort effektiv keinen Platz. Von drei Seiten wird der Raum eingegrenzt: Vom Römerberg und seiner historischen Bausubstanz, von einem Geviert mit Überresten römischer Badeanlagen von cirka 75–110 n. Chr. und vom Dom und dem Domplatz. Genau in diesen schmalen, langgezogenen Kegel hat der Architekt den ebenso langen Bau der Schirn hineingezwängt. Der Hauptraum der Schirn ist nicht einmal so breit wie ein Gleis auf dem Frankfurter Hauptbahnhof. An Sonntagen stehen die Besucher hier so dicht nebeneinander wie Kauflustige beim Beginn des Sommer-Schluss-Verkaufs. Von der einstigen Idee der Kunsthalle, dass sie den Besuchern genügend Raum anbieten muss, ist hier so gut wie nichts übriggeblieben.

Frankfurt hätte sich an anderen, ebenso eng gebauten Städten ein Beispiel nehmen sollen, zum Beispiel an Bern. Dort hatte man den Mut, das neue Paul-Klee-Zentrum nicht auch noch in die enge Stadt hineinzustopfen, sondern nach außerhalb zu verlagern. Dort sieht es nicht unbedingt verlockend aus, es ist für Fremde auch nicht leicht zu erreichen, aber ringsum ist Platz. Diesen Mut hatten die Frankfurter nicht, jedenfalls noch nicht. Es ist nicht so, dass man die Mutlosigkeit nicht verstehen könnte. Denn in welchen Stadtteil hätte man eine Kunsthalle bauen können? Etwa nach Heddernheim, Bonames oder Sossenheim? Sagen wir es rundheraus: Es gibt keinen halbwegs ansehnlichen Vorort, den die Stadtväter mit einer Kunsthalle hätten beglücken können. Gibt es für Menschen ein paar Orte, die weder überfüllt noch durch zuviel Gestank, Lärm oder Hässlichkeit unmöglich geworden sind? In den neunziger Jahren sprach der Schriftsteller Bodo Kirchhoff in seinen Frankfurter Poetik-Vorlesungen diesen Satz aus: »Übermenschliche Kräfte scheinen nötig, um sich in einer Stadt wie Frankfurt seine Heimat zu schaffen.« Ich gebe zu, dass ich in früheren Jahren solche Töne ebenfalls angeschlagen habe. Inzwischen bin ich zurückhaltender. Es ist möglich, in der Stadt ein paar persönliche Winkel zu finden und diesen im individuellen Bewusstsein die Gestalt von individuellen Orten zu geben. Ich war zum Beispiel beglückt, als ich die Karmelitergasse fand. Sie ist deswegen außerordentlich, weil sie wohl die einzige Gasse ist, die direkt aus dem Stadtgebiet an die Stadtseite des Mainufers führt. Die Gasse scheint ein Geheimtip zu sein. Ich habe, so oft ich die Gasse entlangging, keinen Menschen getroffen, der ebenfalls hier unterwegs war.

Die meisten Personen, die mich kennen, wundern sich, dass ich in Frankfurt lebe. Ich gehe nicht mehr auf dieses Erstaunen ein, weil es auf zu komplizierten und gleichzeitig banalen Voraussetzungen beruht. Eine der häufigsten dieser (falschen) Voraussetzungen besteht in dem Urteil, Frankfurt sei hässlich, abstoßend, ordinär, spießig, kurz: ungenießbar. Das Vorbild solcher Verurteilungen sind lupenrein »schöne« Städte wie etwa Zürich, Salzburg oder Straßburg. In diesen tadellosen Städten herrscht der Schein einer architektonischen Monokultur, in deren Massenkompatibilität ich nicht leben möchte. Wer Frankfurt für ungenießbar hält, hat nicht verstanden (oder: nicht hinnehmen können), dass die Dynamik des Kapitals eine Macht ausstrahlt, die selber längst ästhetische Formen angenommen hat. Diesen Schritt mögen nicht viele nachvollziehen, was ich für einen Glücksfall halte. Dieser Schritt lässt sich so beschreiben: Interessant ist, wenn man beobachten kann, wie sich unter dem Einfluss der Kapitalanhäufung die Gestalt des Urbanen fortlaufend verändert und gleichzeitig seinen inneren Kern immer mehr festigt. Dafür ein Beispiel. Die Commerzbank hat beschlossen, dass sie in Zukunft ein »moderneres« Erscheinungsbild haben möchte. Also lässt sie ihren »alten« Hauptsitz, ein neunstöckiges Haus in der Taunusanlage, demnächst abreißen, um auf demselben Grund ihr neues Domizil aufzubauen. Das heißt: Eine Bank ist über die Jahre derart kapitalstark geworden, dass ihr äußeres Bild zu diesem Reichtum plötzlich nicht mehr passt und verändert werden muss. Diese Anpassung ähnelt dem Verhalten jedes Spießers, der vom Volkswagen zu Mercedes wechselt, wenn ihm seine Brieftasche diesen Schritt erlaubt oder nahelegt. Der Neubau der Bank wird die Stadt nicht »verständlicher« machen. Die Selbstgefälligkeit des kapitalistischen Wachstums steht im Konflikt zur Erwartung der Menschen, dass etwas durch seinen Erfolg immer angenehmer und »schöner« wird. Man muss die kühle Sachlichkeit eines Max Weber oder eines Georg Simmel in Anspruch nehmen, um die Karriere des Reichtums nicht mit unangemessenen Erwartungen zu diskriminieren. Einfacher ausgedrückt: Die Dynamik des Kapitals ist nicht darauf fixiert, dass sie gefällt.

Der Dauerkonflikt zwischen Entwicklung und Anschauung ist echt, das heißt: er kann nicht beendet werden. Zum einen gefällt sich die Stadt in ihrer hausbackenen Eppelwoi-Seligkeit, zum anderen will sie als Mainhattan gelten. Man muss annehmen, dass Menschen, die derlei Verschmelzungen angemessen finden, noch nie in New York gewesen sind. Egal! Es ist immer schön, mit etwas Bedeutsamerem gleichgesetzt zu werden. Am schönsten wäre, überhaupt nicht mehr verglichen zu werden. Würde man in seiner Skurrilität anerkannt sein, dann könnten auch die lebhaftesten Widersprüche angestaunt werden, und niemand wäre darüber verstimmt, wenn an Frankfurt die Welthaltigkeit *und* das Handwerker-Image gleichzeitig betont werden.

Ich vergesse nicht, wie es war, als ich Anfang der siebziger Jahre nach Frankfurt kam – natürlich aus beruflichen Gründen wie fast alle, die sich in Frankfurt ansiedeln. Und auf Menschen traf, die, genau wie ich selbst, allesamt Provinzler waren, die ihre Heimat verlassen hatten, um Anschluss »nach oben« zu finden. Erst später habe ich verstanden, dass sich in diesem merkwürdigen Zusammentreffen vieler, ein wenig scheuer Neubürger etwas sehr Frankfurt-Typisches ausdrückte: Die Stadt war und ist bis zur Grenze ihrer Belastbarkeit offen für Fremde und Flüchtlinge aller Art, was ihr oft angekreidet wird; freilich nicht von den Zugewanderten selbst, die die Herbergs-Atmosphäre der Stadt zu schätzen wissen. Vielsprachigkeit und Übernationalität verhindern, dass die dickflüssige lokale Eppelwoi-Welt dominant wird. Stattdessen kann man beobachten, dass auf den Holzbänken der Sachsenhäuser Kneipen inzwischen Deutsch sprechende Amerikaner, Japaner und Koreaner Platz genommen haben und austesten, ob der Eppelwoi vielleicht auch ihr Hausgetränk werden könnte. Das erfreut die Lokalpatrioten; auf den Gedanken, dass sie, die Einheimischen, inzwischen selbst die Exoten geworden sind, können sie (oder *dürfen* sie) nicht kommen.

Das wiederum fällt anderen, nicht zufällig ausländischen Beobachtern auf, zum Beispiel der türkischen Soziologin und Islamkritikerin Necla Kelek. Sie hat sich mit dem Integrationskonzept der Stadt beschäftigt, das am 30. September 2010 in der Stadtverordnetenversammlung verabschiedet wurde. Frau Kelek zählt Frankfurt zu den Gemeinden, die »einen besonders hohen Bevölkerungsanteil mit Migrationshintergrund« haben. Und: »In einigen Stadtteilen Frankfurts ist absehbar, dass die autochthone deutsche Bevölkerung zukünftig in der Minderheit sein wird.« Das war neu: Inzwischen machen sich Ausländer darüber Sorgen, dass es zu viele Ausländer in der Stadt gibt. Frau Kelek hat ausgerechnet, dass »von den mehr als 670 000 Einwohnern mehr als ein Drittel, etwa 200 000, einen Migrationshintergrund haben. Bei den Vierzehn- bis Achtzehnjährigen bereits jeder Zweite«. Sie verbindet ihre Beobachtungen mit dem Vorwurf an die deutschen Verwaltungen, diese sähen das Immigrationsdefizit ausschließlich als »Bringschuld« der deutschen Behörden – und versäumten, die Ausländer selbst zu fordern. Die Deutschen, so Frau Kelek (in der FAZ), »formulieren Erwartungen an die deutsche Gesellschaft; Erwartungen an die Migranten, ein Teil Deutschlands zu werden, gibt es nicht«. Und: »Migranten sind keine Mündel, wir müssen sie fordern. Sie sind auch keine Kinder, die vor Überforderung geschützt werden müssen.«

Die Integrationsdezernentin der Stadt, Frau Nargess Eskandari-Grünberg, fühlte sich herausgefordert und schlug (ebenfalls in der FAZ) zurück. Betrüblich sei die Tatsache, dass »es Kelek entweder an Wissen oder an gutem Willen fehle, das Gelesene auch nur einigermaßen korrekt wiederzugeben«. Die Dezernentin wies Punkt für

Punkt nach, dass Kelek den Text entweder nur oberflächlich zur Kenntnis genommen oder ihn mit Absicht polemisch entstellt habe. Der mitherausgeforderte Neubürger wurde nicht schlau aus diesem Schlagabtausch. Die allermeisten Fremden sind allerdings nicht darauf angewiesen, dass ihnen jemand ihre Lage erklärt; sie strengen sich an, so schnell wie möglich den ortsansässigen Hessen zu ähneln. Übrigbleibende Verstehensdefizite werden nicht übelgenommen. Schließlich haben ein Berliner, ein Schweizer oder ein Bayer ebenfalls Probleme mit dem Abgleich der Mentalitäten, erst recht dann, wenn der hessische Dialekt die reale Amtssprache ist. Vermutlich verhalten sich die meisten Neuankömmlinge so ähnlich wie ich damals: Still und aufmerksam beobachten sie die Sitten der Einheimischen und ahmen sie unmerklich nach. Nach einiger Zeit gleichen sie tatsächlich ihren Vorbildern und werden selbst zu solchen. Darf man dieses Laissezfaire hochtrabend Ausländerpolitik nennen? Wahrscheinlich nicht. Notfalls kann man immer argumentieren: Die Probleme arbeiten selbst an ihrer Abschaffung. Die Stadt ist zuvorkommend und offen und bietet Hilfe an, zum Beispiel Sprachkurse. Aber wird ein Mann aus Ostanatolien, der schon zu Hause keine Schule besucht hat, ausgerechnet in der Fremde einen Sprachkurs belegen? Er verweigert sich und leistet stattdessen ein Integrationsprogramm Marke Eigenbau: sprachlich, handwerklich, arbeitsökonomisch, familiär, transnational. Das Programm ist in kleine Lerneinheiten zerstückelt, dauert deswegen sehr lang, führt aber dennoch zum Ziel. Am Ende darf sich der Mann für integriert halten, obwohl er dieses Wort nie gehört hat.

Die Geschichte des sich verweigernden Türken erinnert mich an meine eigene Geschichte. Obwohl die Fälle nicht vergleichbar sind, haben sie doch viele Berührungspunkte. Der wichtigste ist: Auch ich war nicht integriert, obgleich ich formal natürlich kein Außenseiter war. Die einheimischen Verweigerer galten nicht als desintegriert, sondern als unangepasst – und wollten es auch bleiben. Unangepasstheit war in den 70er und 80er Jahren politisch gemeint und galt als Wertprädikat. Vor mehr als vierzig Jahren wollte der Verleger Hans A. Nikel aus der satirischen Zeitschrift *pardon* eine Publikumszeitschrift mit hoher Auflage machen. Er engagierte sechs bis acht neue Redakteure, die die Umwandlung schaffen sollten; ich war einer von ihnen. Vor der Umwandlung war *pardon* – neben der Zeitschrift *konkret* – das einzige linksradikale Organ in der Bundesrepublik, ein Blatt für Sektierer und Spötter, kurz: für unversöhnte Intellektuelle. *pardon* sollte zwar eine linke Zeitschrift bleiben, zugleich aber sollte es mit sexistischen Mitteln aufgeputzt und die Hauszeitschrift der neuen befreiten Jugend werden. Denn das war die schon damals unglaubliche Parole dieser Jahre: Vögelt euch frei. Keiner der Redakteure glaubte an die Lustparolen, im Gegenteil, die Redakteure verhöhnten ihren Verleger. Die Redakteure hatten ihren Adorno und ihren Marcuse gelesen und wussten, was man, gerade unter dem Vorzeichen der »Befreiung«, unter repressiver Toleranz zu verstehen hatte.

Es dauerte nicht lang, dann bildete auch *pardon* nackte Frauen ab, sogar auf dem Titel. *pardon* ähnelte jetzt dem *Stern* und der *Quick*. Es kam schnell zu Reibereien mit Chefredakteur und Verleger, aber es war klar, dass die Redakteure keine Macht hatten. Sie hatten nur Probeverträge, die nicht verlängert werden mussten, wenn sich herausstellte, dass der Redakteur x mit den verlegerischen Zielen nicht harmonierte. Ein eigens ins Leben gerufenes Redaktionsstatut sollte helfen, die Übermacht der Chefredaktion zurückzudrängen. Natürlich wurde keine vorhandene Macht zurückgedrängt, das Redaktionsstatut war (wie vieles, was damals entstand) Sozialfolklore. Abends, nach Feierabend, trafen sich die Redakteure in einer deprimierend schlichten Wirtschaft, deren heruntergekommenes Mobiliar ein Ausdruck ihrer Seelenlage war. In dieser wirklichkeitsgesättigten Kneipe trafen sich über viele Jahre hin zahllose neue Künstler: Zeichner, Maler, Schriftsteller, Tänzerinnen, Regisseure, Schauspieler – das »Theater am Turm« war nicht weit. Dennoch wurde aus der Absteige kein Künstlerlokal. Frankfurt hatte nie ein Künstlerviertel und deswegen auch keine Künstlertreffpunkte. Das Stammpublikum waren melancholische Kleinbürger, die einsam an der Theke standen und nur selten redeten. Manchmal stieß ein schlecht verdienender Handelsvertreter die Tür auf oder ein geplagter Volksschullehrer. Die Künstler setzten sich an die Tische der »anderen« und redeten über Kunst und Literatur. Ich denke, die Künstler waren mit der Unauffälligkeit ihrer Existenz einverstanden beziehungsweise: hielten diese Unauffälligkeit für eine Art Schutz.

Die satirische Zeitschrift pardon hatte Anfang der siebziger Jahre ein gutes Image. Sie war angriffslustig, unterhaltsam, komisch und politisch links, ohne deswegen schon verbohrt oder verbissen zu sein. Dem Frankfurter Verlag Bärmeier & Nikel, der die Zeitschrift herausbrachte, war es gelungen, dem Blatt nach anfänglichen Schwierigkeiten ein größer werdendes Publikum zu sichern. Begünstigt wurde der Aufstieg durch die politische Konstellation der Zeit. Anfang der siebziger Jahre machte sich mehr und mehr der Auftritt der Außerparlamentarischen Opposition bemerkbar, der APO. Diese APO hatte kein angemessenes publizistisches Organ. Die siebziger Jahre waren gleichzeitig die einflussreichste Zeit des Hamburger Pressekonzerns Axel Cäsar Springer, der in den Augen der Linken eine schwer erträgliche Erscheinung war. Man kann sagen, dass ohne die Übermacht des Hauses Springer die Zeitschrift *pardon* kaum die vielfältige Aufmerksamkeit gefunden hätte, die ihr damals zufiel. Hinzu kam, dass es seit Jahrzehnten kein wirksames satirisches Organ in der damals jungen Bundesrepublik gegeben hatte. Das einzige, aus dem Wilhelminismus übriggebliebene satirische Blatt war der in München erscheinende *Simplicissimus* gewesen, der kaum noch Beachtung fand. Noch immer brachte der *Simplicissimus* inzwischen fast zahnlose Witze über alte Militärs, die in einem Kasino angestaubte

Reden halten und nicht merken, dass ihre Zeit vorüber ist. Dagegen hatte *pardon* tatsächlich den Kampf gegen den Goliath Springer aufgenommen, eine ehrenwerte, aber groteske, von heute aus gesehen schier lächerliche Anstrengung. Zum Beispiel brachte die gesamte *pardon*-Redaktion einen ganzen Monat damit zu, die journalistische Stichhaltigkeit einer einzigen Ausgabe der BILD-Zeitung nachzuprüfen. Also recherchierten die Redakteure den Wahrheitsgehalt jedes einzelnen Artikels der BILD-Zeitung nach. Das Ergebnis war kein Ruhmesblatt für den Springer-Konzern. Freilich war dieses Ergebnis absehbar gewesen; insofern war die Nachrecherche ein überflüssiger linker Luxus gewesen, der sicher keinen einzigen BILD-Leser dazu animierte, sich mal eine andere Zeitung zu kaufen.

Dennoch fuhr die *pardon*-Redaktion komplett nach Hamburg. Wir zogen uns (wie Zeitungsverkäufer) weiße Kittel an, setzten uns weiße Kappen auf, legten uns die BILD-Imitation von *pardon* in ausreichender Zahl über den linken Unterarm – und drangen in das Springer-Hochhaus ein. Niemand konnte uns aufhalten. Auf dem Stockwerk der »echten« BILD-Redaktion verließen wir den Fahrstuhl und »besetzten« die BILD-Redaktion. Jeder Springer-Redakteur erhielt von uns ein penibel nachgeprüftes Exemplar unserer BILD-Kritik. Wir versuchten, mit den Springer-Redakteuren in ein kritisches Gespräch zu kommen, was uns nicht gelang. Ein *pardon*-Photograph war mitgekommen und dokumentierte den Zusammenstoß mit den Springer-Leuten. Nein, es war kein »Zusammenstoß«. Die BILD-Redakteure waren viel zu überrascht und konnten in der gegebenen Geschwindigkeit weder das ihrer Arbeit gewidmete *pardon*-Heft zur Kenntnis nehmen, noch überhaupt den sonderbaren Besuch ihrer Frankfurter Kollegen begreifen. Nach einiger Zeit bat man uns höflich, das Springer-Haus zu verlassen, und wir folgten – ein wenig kleinlaut. An dieser friedlichen Attacke kann man den Übergang vom Journalismus zum Aktionismus leicht erkennen. In gewisser Weise dienten solche Aktionen überwiegend der Beschwichtigung der oppositionellen Gesinnung der Redakteure. Denn ringsum tobten nach wie vor die wirklichen Studentenunruhen; da wollten wir als angestellte Sympathisanten nicht nachstehen. Im Grunde erfüllten wir ein vertrautes Rollenklischee: Wir waren Angestellte des »Systems«, wollten aber dennoch teilhaben an dessen kritischer Leugnung. Dieser Spagat drang damals kaum in unser Bewusstsein vor. Ich hatte zum ersten Mal das Gefühl, dem Dunstkreis der Provinz entkommen zu sein. Wie die anderen nahm ich fast täglich teil am anstrengenden Eiertanz zwischen Unterwerfung und intimem Aufstand. Zum Beispiel hatte ich fast jeden Monat kleine widerliche Finanzprobleme. Immer mal wieder pumpte ich mir bei einem Kollegen zehn Mark und eine Woche später (bei einem anderen) noch einmal, um den zuvor gepumpten Betrag zurückzahlen zu können. Denn ich hatte, dreihundert Kilometer weiter südlich, im Schwarzwald, eine Ehefrau und ein kleines Kind. Meine Frau war durch und durch Schwarzwälderin und außerdem Feministin und deswegen nicht bereit, ausgerechnet nach Frankfurt umzusiedeln, nur weil ich dort arbeitete. Es war keine Frage, dass das Geld, das ich in Frankfurt verdiente, ihr und dem Kind zustand, auch wenn ich selbst dadurch in eine Dauerbredouille hineinrutschte. Ich hatte erneut den wiederkehrenden Eindruck, dass die Einzelheiten des Lebens nicht zueinanderpassten.

Dabei war ich gern in Frankfurt und mochte meine Arbeit. Ich traf dort – ich glaube: zum ersten Mal – auf Menschen, in denen ich die zu mir passende Gesellschaft von Künstlern erkannte. Es verging keine Woche, ohne dass nicht ein von mir geschätzter Maler, Zeichner, Karikaturist oder Dichter in die Redaktion kam. Sie alle wollten ihre Arbeiten verkaufen. Dabei war der Verlag Bärmeier & Nikel keineswegs ein Kunstverlag. Seine Hauptprodukte waren sogenannte »Schmunzelbücher«, kleinbürgerliche Humorbreviere und beliebte Mitbringsel zu Geburtstagen und Festlichkeiten. Trotz des saloppen Arbeitsstils und der guten Stimmung zwischen den Redakteuren wuchs die Anspannung in der Redaktion. Zum Beispiel hatten die Redakteure nicht das Recht, Beiträge von freien Mitarbeitern anzunehmen oder abzulehnen. Außerdem durften sie über die Qualität ihrer eigenen Texte nicht selbst entscheiden. Jeder Redakteur musste sein Manuskript dem zuständigen Chefredakteur vorlegen. Dieser entschied allein über die Veröffentlichung. Er durfte auch Änderungen, Kürzungen oder Umstellungen eines Beitrags verlangen, und der Redakteur hatte sich zu fügen. Diese Praxis lief nicht immer ohne Demütigung ab und war mit dem antiautoritären Image der Zeitschrift nicht zu vereinbaren – um es milde zu sagen. Natürlich waren die Illusionen der Redakteure das eigentliche Problem. Die Redakteure erschienen als lustige Truppe und tanzten doch nach einer nie gesehenen Pfeife. Die Redakteure waren es, die mit dem Alltag einer verhüllt autoritär geführten Redaktion nicht zurechtkamen. Das Ergebnis war eine Art passiver Widerstand der Redaktion gegen Verlagsleitung und Chefredaktion. Die Redakteure fühlten sich nicht ernst genommen und antworteten mit einem gewissen Schlendrian. Wir kamen morgens nicht mehr allzu pünktlich zur Arbeit, wir dehnten die Mittagspause, wir hielten uns nicht immer an die vereinbarten Ablieferungstermine für die eigenen Texte. Ein gewisser Höhepunkt des Widerstands und der Geringschätzung ereignete sich an einem Spätnachmittag im Sekretariat. Ein Joint machte die Runde, die Stimmung war wieder mal gut. Plötzlich öffnete ein Redakteur die Fenster; er und der eine und andere Kollege warfen die von uns geschmähten »Schmunzelbücher« zum Fenster hinaus. Wenn ich mich recht erinnere, schreckte ich vor diesem Ausdruck der Herabsetzung zurück. Hatte es das schon einmal gegeben: Angestellte eines Verlags warfen die Produkte des Verlags zum Fenster hinaus? Ich hatte Frau und Kind und konnte mir eine fristlose Entlassung nicht leisten.

Es geschah zunächst nichts. Wir bereiteten das nächste Heft vor, wenn auch in der inzwischen zur Routine gewordenen Verweigerungshaltung. Dann traf der Gegenschlag ein. Einer größeren Anzahl von Redakteuren – unter ihnen ich selber – wurde gekündigt. Oder wurde dem einen und anderen die Probezeit nicht verlängert? Ich weiß es nicht mehr. Auf gut Deutsch: Ich war rausgeschmissen worden. Ab sofort stand ich auf der Straße, zum ersten Mal in meinem Berufsleben, und das in Frankfurt, wo der Arbeitsmarkt für Journalisten nicht eben günstig war. Ich würde mich auch bei Zeitungen in anderen Großstädten bewerben müssen, wozu ich keine Lust hatte. Ich wollte

Frankfurt nicht verlassen, mehr noch: Ich wollte auch in der Nähe meiner Kollegen bleiben. Mein Ruf als Jungschriftsteller war lange verblasst. Es gab von mir einen einzigen Roman, der 1965 erschienen und ohnehin kaum beachtet worden war. Dennoch wurde aus dem Rausschmiss bei Bärmeier & Nikel der Auftakt eines neuen Schriftstellerlebens. Der Neubeginn war anders, als ich mir jemals den Anfang eines Autorenlebens vorgestellt hatte. Ich tat mich zusammen mit Peter Knorr, einem Redaktionskollegen, der die *pardon*-Redaktion ebenfalls verlassen hatte, allerdings freiwillig. Auch Peter Knorr wollte nicht Tag für Tag als Solist in einem Kämmerchen sitzen und Werke verfassen. Wir hatten als Kollegen gut zusammengearbeitet und glaubten, dass wir auch als freie Schriftsteller gemeinsam besser vorankommen würden. So war es dann auch. Peter Knorr hatte Anfangskontakte zum Hessischen Rundfunk, der für etliche Jahre unser Hauptabnehmer wurde. Wir schrieben satirische, kabarettartige Dialoge, unterhaltende Hörspiele und Features über politisch und gesellschaftlich relevante Themen. Ich war dankbar, dass auf diese Weise die Folgen des Rauswurfs abgefedert werden konnten. Außerdem war ich froh, dass ich eine Arbeitsmöglichkeit gefunden hatte, ohne ein neues Angestelltenverhältnis eingehen zu müssen. Mit den Jahren zeigte sich, dass ich nicht nur Radioautor sein wollte. Auf diese schleichende, aus den Umständen hervorgehende Art war ich »freier« Schriftsteller geworden. Ich war Schriftsteller auf der Basis eines gehörigen Misstrauens in die »Verhältnisse«. Immer wieder dachte ich darüber nach, wie ich meine ungesicherte Lage stabiler machen konnte. Ich hatte eine Idee, die mich noch tiefer in die Unstabilität hineinstieß: Ich wollte schöngeistige Bücher schreiben, Romane, Erzählungen, Stücke.

Aber worüber sollte ich schreiben? Bis tief in die siebziger Jahre hinein herrschte auf dem belletristischen Buchmarkt *ein* Thema: Die Lage der Arbeiterklasse im Spätkapitalismus. Das Thema war ein Übrigbleibsel der 68er Studentenunruhen. Eines der Ergebnisse dieser Unruhen war die Entdeckung, dass der Arbeiter ein unbekanntes Wesen war, für das sich niemand wirklich interessierte, auch heute nicht. Das sollte anders werden! Tatsächlich produzierten die Verlage in den folgenden Jahren zahllose antikapitalistische Schriften, Reportagen und Untersuchungen über die verborgen lebenden Arbeiter. Auch ich überlegte eine Weile, einen Arbeiterroman zu schreiben. Als Vorbild für die Figur des ratlosen, überforderten, kleinlauten Arbeiters hätte mir mein Vater sehr gut dienen können. Er war ein typischer Nachkriegsdarsteller seiner Klasse, durch den Krieg lebenslang verängstigt und anpassungsbereit. Ich hatte seine Existenz seit Jahren aus der Nähe beobachtet und war über dieses Leben oft verwundert, erstaunt, verwirrt. Über das damals verbreitete Klischee des geduckten Arbeiters hinaus war er ein schwer fassbares Neutrum. Er war ohne Bildung, aber auch ohne Bildungsdrang. Er ging nicht ins Kino, erst recht nicht ins Theater, er schaute sich keine Ausstellungen an. Er verdiente zu wenig Geld und litt an seiner zu groß geratenen Familie. Er sah oft so aus, als wüsste er nicht, wen er für seine Verhältnisse beschuldigen könnte. Als Ausweg diente ihm die Beschuldigung seiner Frau. Sie könne nicht mit Geld umgehen, behauptete er. Das war die allerkleinlichste Lösung. Ich wunderte mich oft, dass meine Mutter kein einziges Mal auf den Gedanken kam, ihm zu antworten: Niemand kann mit zu wenig Geld umgehen. Ich betrachtete das schöngeistige Treiben der sozialistischen Studenten und wusste genau, dass sie vom Leben der Nachkriegsarbeiter so wenig Ahnung hatten wie von den Indianern oder den Eskimos. Der Vater folgte den Parolen der damals tonangebenden Parteien: Bitte keinen Klassenkampf, sondern Aufbau und Konsum. Auch Arbeiterhaushalte sollten einen Kühlschrank, einen Fernsehapparat, eine passable Wohnung und einen bezahlbaren Urlaub erhalten. Es lag im Interesse der Nachkriegsparteien, dass sich die Klassen vermischten. Es sollte mehr und mehr altmodisch klingen, überhaupt von Klassen zu sprechen. Das Wort Klasse erinnerte an die unselige Weimarer Republik, und mit dieser Schmuddelrepublik wollte niemand mehr etwas zu tun haben.

Ich weiß heute nicht mehr genau, warum ich, trotz meiner Intimkenntnisse, keinen Arbeiterroman schreiben wollte. Vermutlich war es nur das Verlangen nach Originalität. Ich wollte meine Brötchen nicht auch noch als Unterklassenkenner verdienen. Ebenso unklar ist mir, warum ich mir als Romanobjekt ein erheblich geheimnisvolleres Wesen vornahm: den modernen Angestellten. Für den Angestellten interessierte sich damals niemand. Ich wusste, dass schon im letzten Drittel des abgelaufenen Jahrhunderts der Anteil der Arbeiter an der Erwerbsbevölkerung deutlich gesunken war, die Angestellten hatten im gleichen Zeitraum ihren Anteil fast verdoppelt. Am Ende des vorigen Jahrhunderts würde es erstmals in der deutschen Geschichte mehr Angestellte als Arbeiter geben. Diese Entwicklung vollzog sich nicht geheim; sie ereignete sich vor aller Augen. Die Gewerkschaften richteten ihre Kundgebungen zum 1. Mai nach wie vor an die zur Minderheit gewordenen Arbeiter. Die Arbeiter hatten noch immer den großen Vorteil, dass sie weithin leicht identifizierbar waren. Man brauchte sich nur ihre »abgeschafften Hände« (eine Formulierung meines Vaters) und ihre zerschundenen Körper anzuschauen, dann war jedem klar, zu welcher »Schicht« (das war das Ersatzwort für »Klasse«) sie gehörten. Anders als der Arbeiter, der ab einem bestimmten Zeitpunkt seines Lebens an keine qualitative Verbesserung seiner Zukunft mehr glaubt, sieht der zur Selbstverblendung immer aufgelegte Angestellte sein ganzes Berufsleben lang die Möglichkeit zu einer Wende oder zu einem plötzlichen Aufstieg, und sei es nur durch eine überraschende Personalkonstellation in der Firma. Angestellte bewerben sich ihr Leben lang, Arbeiter nicht. Der Arbeiter leistet sich, weil ihm nichts anderes möglich ist, die Melancholie einer endlichen Bestimmung. Irgendwann hat die Trauer sein Innenleben vollständig erobert, dann hört er auf, etwas anderes zu wollen: Er ist und bleibt Arbeiter. Der Angestellte dagegen spekuliert, spintisiert und illusioniert; er lebt öfter in Möglichkeiten als in Realitäten. Der Arbeiter, wenn er jenseits der Resignationsschwelle auf seine Zukunft angesprochen wird, schweigt oder kommt ins Stottern. Der Angestellte aber spricht plausibel und gekonnt von einer Zukunft, in der auch er eine Rolle spielt. Der Angestellte billigt sich, mit einem Wort, keine gesellschaftliche Melancholie zu. Und gerade deshalb, weil er sich persönliche Trauer (über den trotz seiner Anstrengungen ausbleibenden Aufstieg) nicht erlaubt, wird er später oft und besonders hart von ihr getroffen.

Diese Skizze gerät mir deswegen so ausführlich, weil sich in ihr ein autobiographisches Parallelogramm verbirgt; die Figur des Arbeiters war mein Vater, die Figur des Angestellten war ich. Wie in jedem Parallelogramm verschieben und bewegen sich die Kräfte. Wie oft, zum Beispiel auf Familienfesten, schwärmte mein Vater malerisch von seinem Aufstieg! Und meine Mutter hörte ihm aufmerksam zu! Es war die stärkste Sehnsucht des Vaters, so bald wie möglich den Status eines Angestellten zu erreichen, was ihm im letzten Viertel seines Arbeitslebens auch gelungen ist. Selbst ich, obwohl ich als Redakteur ein »gesicherter« Angestellter war, fühlte lange ein Unbehagen in dieser Rolle – besonders in einer Stadt wie Frankfurt, die man als spezifische Angestelltenstadt bezeichnen kann. Wer sich überwiegend unter seinesgleichen bewegt, erlebt durch diese permanente Selbstbespiegelung ein halluziniertes Doublettenschicksal. Noch heute beschleicht mich Unbehagen, wenn ich durch Zufall in die Nähe einer Angestelltengruppe gerate. Obwohl ich anders gekleidet bin, peinigt mich schon das Outfit der Büroleute. Es hat sich für sie (zumindest in den großen Städten) eine Art Uniform der Vereinheitlichung herausgebildet. Die Herren tragen dunkle Anzüge, die Damen schwarze Kostümchen. Gegen zwölf Uhr schwärmen sie in großen Gruppen aus ihren Büros und bleiben auch während der Mittagspause zusammen. Nah beieinander stehen sie an den Tischchen der Bistros und Buffets, löffeln ihr Süppchen und reden – über das Büro.

Anfang der siebziger Jahre entschloß ich mich, einen sogenannten Angestelltenroman zu schreiben. Den Begriff »Angestelltenroman« gab es damals noch nicht. Ungefähr zur gleichen Zeit begann der Rowohlt Verlag eine Taschenbuchreihe mit dem Titel »Das neue Buch«. Das Lektorat nahm den *Abschaffel*-Roman an und brachte ihn 1977 auf den Markt. Zum Erstaunen des Verlags und des Autors wurde das Buch sehr gut rezensiert. Innerhalb kurzer Zeit erschienen fünf oder sechs Auflagen. Ich weiß heute nicht mehr, wer mich zuerst fragte, ob es eine Fortsetzung des *Abschaffel*-Romans gebe. Es gab keine, aber ich setzte mich hin und schrieb eine.

Der Typus des nur in seinen Kreisen bekannten Künstlers ist für Frankfurter Verhältnisse charakteristisch. Das mangelnde Selbstbewusstsein hängt damit zusammen, dass sich Frankfurt selbst als unterwertig eingeschätzt fühlt (im Vergleich zu München, Hamburg, Berlin) und in der Wahrnehmung der anderen gerne »aufrücken« möchte. Diese Aufgabe erfüllen auch die Frankfurter Groß-Preise, also Goethe-Preis, Adorno-Preis, Beckmann-Preis. Schon die Namen der Preise weisen den Weg zur Bedeutungsauffüllung: Schaut her, das sind unsere Hausgötter. Dass sich die Jurys der Preise zuweilen vertan haben, ist dabei nicht so wichtig. Hauptsache, der Anspruch wird deutlich. Fast selbstverständlich ist, dass ein örtlich tätiger Künstler in diesem Marketing kaum etwas zu suchen hat.

Obwohl sich die Statur von Robert Gernhardt als Dichter, Maler und Zeichner schon zu seinen Lebzeiten herumgesprochen hatte, war ein Goethe-Preis für ihn nicht möglich. Gernhardt ist seit etlichen Jahren tot; heute tut es vielen leid, dass der Preis an ihm vorbeigegangen ist. Natürlich hätte die Jury in einem zweifachen Sinn über ihren Schatten springen müssen. Denn Gernhardt war einerseits keine sogenannte repräsentative Erscheinung, er machte außerdem auch noch komische Gedichte. Und komische Gedichte waren im Horizont der Preisverleiher nicht gesellschaftsfähig, jedenfalls nicht in den siebziger, achtziger und auch noch nicht in den neunziger Jahren. In der den Faschismus aufarbeitenden Atmosphäre der sich ewig hinziehenden Nachkriegsjahre war ein komischer Dichter nicht unterzubringen. Als gäbe es in Deutschland in jeder Generation einen Dichter vom Rang eines Wilhelm Busch oder eines Christian Morgenstern! Dass heute das komische Gedicht im Literaturverständnis reintegriert ist, darf man Robert Gernhardt als Verdienst anrechnen. Wer will, kann in einem Gedicht von Gernhardt eine kaum verhüllte Selbstreflektion seiner Lage thematisiert finden. Das Gedicht heißt »Abendgebet«:

Lieber Gott, nimm es hin,
dass ich was Besond'res bin.
Und gib ruhig einmal zu,
dass ich klüger bin als du.
Drum preise künftig meinen Namen,
sonst setzt es etwas. Amen.

Frankfurts vielleicht heikelstes Kapitel ist die Zeil. Die Straße wird allgemein für das Zentrum der Stadt gehalten, weil hier tagtäglich abertausende von Menschen unterwegs sind und immer nur eines wollen: kaufen, kaufen, kaufen. Angeblich wird allein in dieser Straße ein Prozent des Bruttosozialprodukts der Bundesrepublik erwirtschaftet. Wenn nicht alles täuscht, geniert sich die Stadt dieser Straße inzwischen ein wenig. Die Schlichtheit des Anschaffens macht sie auch ein bisschen ordinär. Man gibt sich Mühe, das Fließband-Image der Straße zu mildern beziehungsweise aufzulockern. Noch vor wenigen Jahren war die Zeil eine Art Abstellplatz für ältere Kaufhäuser; ihre verregneten Fassaden sahen aus, als seien sie erst kürzlich von durchziehenden Hunden angepinkelt worden. So schlimm ist es heute nicht mehr. Im Gegenteil, auch billige Warenhäuser wollen heute schick aussehen. Eine Doppelreihe schattenspendender Bäume zieht sich die ganze Fußgängerzone entlang, ein großer Brunnen und eine Steinplastik mildern das architektonische Einerlei. Aber behoben ist das Problem Zeil damit nicht. Vermutlich ist die Straße nicht zu retten; die baulichen Glanzlichter, die die Uniformität der Fassaden inzwischen auflockern, verschlimmern das Problem sogar, weil sie das Moment des baulichen Durcheinanders für das Auge verstärken. Ein Bau kann noch so aufregend / erstaunlich / interessant gemeint sein, aber wenn immerzu Menschen mit großen Plastiktüten aus diesem hervorkommen oder in diesem verschwinden, ist das nicht aufregend / erstaunlich / interessant, sondern lähmend / eintönig / ermüdend.

Geschäfte für den sogenannten Normalbedarf des bürgerlichen Lebens – also Schuhmachereien, Eier-Butter-Milch-Läden, Wollgeschäfte, Schreibwarenläden, Zeitungskioske – haben sich aus dem inneren Kern der Stadt weitgehend zurückgezogen oder (wie soll man sagen?) sind dem Druck und der finanziellen Übermacht der Großanbieter gewichen. Stattdessen hat sich, wie in anderen Städten auch, eine Art Monokultur des schönen Scheins etabliert. Enorm zugenommen hat die Zahl der Modegeschäfte, Frisiersalons und Parfümerien. In allen Läden sieht man das gleiche Publikum: Viele Frauen, die mit ihrer Normalnatur nicht mehr zufrieden und um eine Nachbesserung besorgt sind. Sowohl die Frisiersalons als auch die Parfümerien erkennt man schon von weitem an ihren überhellen Interieurs. Sie sind bis in die letzte Ecke ausgefüllt von gleißendem, fast weißem Licht. Merkwürdig ist, dass das Personal in den Frisiersalons und in den Parfümerien dem Stilideal der Frauenpropaganda oft nicht entspricht. Die dort arbeitenden Frauen sind oft blasse, ungeschminkte, zurückgenommene weibliche Wesen. Sie tragen unauffällige schwarze Kostümchen, sind unaufdringlich, scheu und warten, bis sie angesprochen werden. Die Frauen, die in ihre Läden kommen, sind das genaue Gegenteil: Stark geschminkt, auffällige Frisur, werthaltige Kleidung, auf dem Arm häufig ein Hündchen oder eine Riesendogge im Schlepptau. Die Tiere sind harmlos, flößen aber Furcht ein, weil sie sich in der Überhelligkeit selbst fürchten. Auch die allerzahmsten haben gewisse Nachteile. Selbst gepflegte Hunde riechen. Ihre Besitzerinnen geben sich Mühe, die Tiere von der Harmlosigkeit des Raums zu überzeugen, aber es klappt nicht immer. In ihrer Nervosität fangen manche an zu bellen – und verschrecken die andere, die hundelose Kundschaft. Auch dann, wenn sie von ihren Frauchen extra mit Parfüm behandelt worden sind, haben sie oft starken Mundgeruch. Schweren Herzens hat sich eine große Parfümerie entschlossen, ein Schild in das Schaufenster zu stellen: Hunde bitte draußen bleiben. Manche Tierfreundin hat darauf mit Verstimmung reagiert – und den Laden gewechselt.

Wer sich vor Augen führen will, wie antigroßstädtisch, fast betulich selbst das Stadtgebiet Frankfurts ist, braucht sich nur die Straßen im Umfeld der Zeil anzuschauen, zum Beispiel die Töngesgasse oder die Stephanstraße, die dann in die Stiftstraße einmündet. Man staunt nicht schlecht, wie schlicht, bieder, provinzlerisch und beinahe leer sich diese Straßen präsentieren. In der Stephanstraße befindet sich zudem ein schöner kleiner Friedhof und die ebenfalls beschauliche Peterskirche – und das alles in unmittelbarer Nähe der monströsen Zeil. Man muss beinahe lachen, wenn man sich das Gefälle dieser drei Straßen bewusst macht. Ich lache dann doch nicht, weil mir wieder einfällt, dass eine Stadt nur dann menschlich ist, wenn sie ihren Bewohnern Gelegenheit gibt, sich über ihre Ansprüche lustig zu machen. Die Stephanstraße (bzw. die Stiftstraße) ist die ödere der beiden zeilnahen Straßen. Es gibt hier nur wenig Geschäfte, kaum Verkehr, kaum Fußgänger. Ein Kino, immerhin, hat sich halten können, so dass wenigstens abends der eine oder andere Passant gesichtet wird. Die Töngesgasse ist noch kleinstädtischer, dafür belebter, auch wenn sie gegenüber der Zeil keine Chance hat. Die Häuser hier sind überwiegend keine eigentlichen Geschäfts-, sondern Wohnhäuser. Nur in den Erdgeschossen befinden sich Geschäfte, oft auch solche, die man in der City nicht wirklich erwartet, zum Beispiel eine Samenhandlung, ein kleiner Lederwarenladen, ein Wollgeschäft – als wären wir noch oder wieder in den fünfziger Jahren. In gewisser Weise bewahrt die Straße tatsächlich die Atmosphäre der Nachkriegszeit. Die reizarmen Wohnhäuser wurden in den fünfziger Jahren ohne besondere Ambition einfach der Straße entlanggebaut, ohne Ambition deshalb, weil neue Wohnungen dringend gebraucht wurden und zuvor niemand so recht einschätzen konnte, ob die total zerstörte Stadt überhaupt noch einmal auferstehen würde oder nicht. Genau dieser Punkt ist bis heute ein Problem, jedenfalls in den Augen zahlreicher Bürger, die lieber in einer eindeutigen Metropole leben würden. Man kann den Spieß auch umdrehen – und behaupten: Nicht die Stadt ist provinzlerisch, sondern eine große Zahl ihrer Bewohner. Viele kommen aus sogenannten kleinen Verhältnissen, viele sind ehemalige Pendler aus dem weiteren Umland, die irgendwann (nicht zuletzt aus Kostengründen) nach Frankfurt übersiedelt sind. Aus dem ansässig gewordenen Pendler wird nicht selten ein engagierter Liebhaber der Stadt. Er ist dankbar, dass ihn die Stadt von seinem ländlichen Schatten befreit hat, ohne diese Ambivalenz jemals völlig beseitigen zu können – trotz des Bankenviertels und trotz der Verbrecherlokale. Ein Beispiel für sonderbare Diskontinuitäten im Erscheinungsbild der Stadt ist die Fortsetzung der Zeil jenseits der Konstabler Wache. An dieser Stelle, jenseits der Friedberger Landstraße, ändert die Zeil ihr Bild. Der Sog der wuseligen Einkaufsstadt ist wie weggeblasen, und stattdessen treffen wir ein eigenartig verrumpeltes Stadtgebilde an, das man vielleicht in Oldenburg oder Gütersloh vermuten würde, aber nicht hier. Wir sehen ein paar verlassen herumstehende Altbauten, dazwischen den Flachbau der Stadtbibliothek, ein paar Imbissbuden, Billigkaufhäuser, gelegentlich eine Prostituierte aus der nahen Allerheiligenstraße, einen sogenannten Teppichbasar. Nein, großstädtisch ist das nicht; es ist widersprüchlich, abschreckend, lebendig, bunt.

Ich war zehn Jahre alt, als ich zu glauben begann, dass in Kürze ein Krieg ausbrechen würde. Deswegen wollte ich, dass meine Eltern mir von den Kriegen erzählten, die sie selbst erlebt hatten. Von einem kommenden neuen Krieg wussten sie nichts. Kind, was dir alles im Kopf herumgeht, sagte meine Mutter. Vater schüttelte den Kopf und winkte ab. Dann, plötzlich, gab es in der DDR einen Volksaufstand. Wir lebten im Westen und schauten uns die Bilder im Fernsehen an. Zum ersten Mal sah ich fahrende Panzer in einer Stadt und Männer, die Steine von der Straße aufhoben und gegen die Panzer warfen. Hier! rief ich meinen Eltern entgegen, der Krieg ist nah! Erzählt mir alles, was ihr von dem Krieg wisst! Jetzt lachten meine Eltern gemeinsam und schickten mich ins Bett.

Ich schnitzte mir einen Stock und nahm ihn mit in die Schule. Der Lehrer war vernünftig und sah ein, dass ich mich für den kommenden Krieg mit einer Waffe ausrüsten musste. Er verlangte nur, dass ich mich während des Unterrichts von meinem Stock trennte. Ich stellte ihn in einer Ecke ab, so dass ich ihn bei einem Angriff sofort zur Hand haben würde. Ich war mit mir übereingekommen, dass ich den kommenden Krieg nicht mitmachen wollte. Ich war zur Flucht entschlossen. Ich wollte Deutschland über Frankreich verlassen und von Marseille auf einem Frachter nach Südamerika fliehen. Neuerdings musste ich in der

Schule Englisch und Französisch lernen. Ich saß ruhig in meiner Bank und weigerte mich, mich für Fremdsprachen zu interessieren, die ich im Dschungel nicht brauchen konnte. Der Religionslehrer wollte, dass wir Kinder schöne Lieder sangen. Ich verstand die Lieder nicht, aber ich sang mit. Ein Lied hieß »Wem Gott will rechte Gunst erweisen …« Warum sollten wir Gott eine Gunst erweisen, was war überhaupt eine Gunst, und wie erwies man sie einem Gott? Ich fragte auch den Religionslehrer nach dem kommenden Krieg, er schüttelte den Kopf wie Vater und hob den Taktstock zum Weitersingen.

Fast täglich las ich Tarzanhefte, die mir mein Freund Günter auslieh. Günter war bereit, mit mir zu fliehen. Das Beste an Tarzan war, dass er sich an langen Lianen von Baum zu Baum schwang. Das wollte ich im Dschungel genauso machen. Wir würden uns eine Baumhütte bauen, dort würden wir den Krieg überleben. Am Ende des Unterrichts nahm ich meinen Schulranzen und meinen Stock und ging nach Hause zu meinen ahnungslosen Eltern. Das heißt, ich machte ein paar Umwege, um mir zerstörte Häuser anzuschauen, die vom vorigen Krieg übriggeblieben waren. Diese fast ganz kaputten Häuser gefielen mir. Von einem war nur die vordere Mauer übriggeblieben. Durch die leeren Fenster sah man den Himmel, auf den Fenstersimsen wuchs Gras, der Eingang war zugemauert. Zusammen mit Günter würde ich demnächst auf das Trümmergelände hinter dem Haus vordringen.

Unterwegs sah ich zwei Jungen in meinem Alter, die neben einer Regenpfütze knieten. Als ich näher kam, sah ich, dass sie Ameisen fingen und sie dann in die Pfütze warfen. Sie hatten Vergnügen daran, die Ameisen gegen ihren Tod kämpfen zu sehen. Die kleinen Tiere waren kraftvoll und zäh. Keine einzige Ameise schien den Kampf gegen den Tod zu verlieren. Sie rackerten sich nah an den Rand der Pfütze heran und wurden sogar noch kräftiger, als sie Boden unter ihren Beinen spürten. Da griff einer der Jungen mit der Hand in die Pfütze, erfasste eine der nassen Ameisen und warf sie auf mich. Ich erschrak, obwohl die Ameise mich verfehlte. Schon griff der Junge nach der nächsten Ameise. Da erhob ich meinen Stock und hielt ihn drohend gegen ihn. Tatsächlich ließ er daraufhin das Tier in die Pfütze zurückfallen und sah mich erstaunt an.

Ich ging wortlos weiter, wie Tarzan. Ich kam nach Hause wie ein Krieger. Der schlägt sich durch, sagte Vater und lachte anerkennend. Seine Bemerkung gefiel mir. Endlich fängt er an, vom zukünftigen Krieg zu erzählen, dachte ich. Aber ich hatte mich geirrt, er fing wieder nicht an. Es war schön, ein Kinderkrieger zu sein. Ich hatte keine Feinde und konnte mich in aller Ruhe auf den Krieg vorbereiten.

Meine Mutter erzählte immer wieder die Geschichte von dem ersten Wort, das ich als Kind aussprach. Als ich noch sehr klein war, saß ich mit meinen Eltern immer wieder in unserem verdunkelten Wohnzimmer. Mutter hatte mich auf dem Schoß und hielt sich den rechten Zeigefinger auf den geschlossenen Mund. Der Finger auf den Lippen war das Zeichen, dass ich ebenfalls den Mund halten sollte. Vater saß mit uns im dunklen Wohnzimmer und sah auf den Boden, dann zu seiner Frau und mir und dann wieder auf den Boden. Von fern hörten wir das Näherkommen der Bomber. Sie warfen ihre Bomben auf unsere Stadt und flogen dann weiter. Bisher hatten wir Glück gehabt. Mutter sah mich an und lächelte im Halbdunkel und inmitten des näherkommenden Gedröhns. Es war wieder ein Kampfverband, das heißt mehrere Flugzeuge, vielleicht zehn oder zwanzig, die in einer geschlossenen Formation nebeneinander herflogen und auf ein Signal hin ihre Klappen öffneten. Da sagte ich zum ersten Mal das Wort Fanderband. Als die Flugzeuge weg waren und wir wieder einmal Glück gehabt hatten, knipste Vater das Licht an, Mutter hob mich in die Höhe und küsste mich mehrmals quer über das Gesicht. Aus Begeisterung benutzte sie selbst anstatt des Worts Kampfverband mein eigenes erstes Wort Fanderband. Sie war glücklich, dass ich ein so kompliziertes Wort aussprach, auch noch auf so originelle Weise falsch.

Später, nach den Schulaufgaben, ging ich auf die Straße und suchte nach Ingeborg. Sie war so alt wie ich und interessierte sich für meine Fluchtpläne. Außer Marseille gab es noch eine andere Fluchtmöglichkeit. Man musste früh aufstehen und nach Hamburg kommen und von dort mit einem Schiff nach Australien. Ingeborg wusste nicht, wo Australien liegt, ich erklärte es ihr. Sie erzählte ihren Eltern kein Wort von unseren Absichten, was ich gut fand. Ingeborg war mir zugetan und wollte immerzu neue Einzelheiten über den Krieg und unsere Flucht hören. Ich wollte Ingeborg soweit bringen, dass sie bereit war, mit mir zu verschwinden. Bald fing sie ebenfalls an, vom Krieg zu sprechen. Vermutlich erzählte sie nur weiter, was sie zu Hause von ihren Eltern gehört hatte. Auch sie hatte, genau wie ich, ein Lieblingskriegswort: das Wort Haubitze. Ingeborg lachte jedesmal, wenn sie es aussprach. Erst viel später ging mir auf, dass sie einen Großvater gehabt haben musste, der ihr vom Ersten Weltkrieg erzählt hatte; denn im Zweiten wurde meines Wissens nicht mehr mit Haubitzen Krieg geführt.

Zum Dank für ihre Erzählungen machte ich Ingeborg mit ein paar Überlebenstricks vertraut. Ich sagte ihr, dass sich den Tag über eine Menge Staub auf unseren nackten Unterarmen ansammelte. Wenn man starken Hunger empfindet und nichts zu essen hat, kurz: wenn man sich im Krieg befindet, kann man sich zur Not den Staub von den Unterarmen lecken. Man streckt die Zunge heraus, soweit es geht, und zieht mit der Zunge eine schmale Spur den Arm hinauf. Der Staub schmeckt silbrig und fremd, aber der Geschmack stillt den Hunger, jedenfalls für eine Weile. Am späteren Nachmittag lud ich Ingeborg zu einem Ausflug in die Innenstadt ein. Ich will dir etwas zeigen, sagte ich. Ingeborg wollte wissen was, ich sagte es ihr nicht.

Ich führte sie in die Kaufhäuser beziehungsweise zu den Fahrstühlen, die es dort gab. In fast allen Fahrstühlen arbeiteten damals bein- oder armamputierte Männer als Fahrstuhlführer. Wenn ihnen ein Bein fehlte, lehnten sie in einer Ecke der Fahrstuhlkabine und bedienten die Knöpfe. Männer, denen nur ein Arm oder eine Hand fehlte, hatten es leichter. Wenn wir die Fahrstühle wechselten, erklärte ich Ingeborg, dass die Männer ihre Körperteile im Krieg verloren hatten. Wir wollten einen Fahrstuhlführer fragen, aber dann trauten wir uns nicht. Während des Heimwegs erzählten wir uns, was wir machen würden, wenn uns im kommenden Krieg etwas abgeschossen würde. Ingeborg versprach, dass sie mich sofort mit ihrem Taschentuch verbinden würde. Ich versprach, dass ich sie auf die

Arme nehmen und ins nächste Krankenhaus tragen würde. Wir waren der Meinung, dass man trotz eines fehlenden Beins oder Arms sehr gut weiterleben konnte. Kurz vor der Heimkehr hatten wir Hunger. Wir setzten uns auf ein Gartenmäuerchen und leckten unsere Arme. Wieder hatte uns niemand vom Krieg erzählt, aber wir hatten seinen Geschmack im Mund.

Ich bin schon wieder bei den Feierabendpredigern. Der Beginn ihres Auftritts ist wieder ein gemeinsames Lied, danach noch eines. Was sie singen, ist immer dasselbe: Jesus wird uns retten. Es sind Männer und Frauen, junge und alte, müde Gesichter. Auch die Erweckten arbeiten den Tag über, und man merkt ihnen an, dass sie ein Opfer bringen wollen. Das Opfer ist bitter. Es bleibt kein Mensch stehen und hört sich an, dass wir nur dann weiterleben können, wenn sich der himmlische Retter unser erbarmt. Der einzige, der in einiger Entfernung stehen bleibt, bin ich. Ich bleibe stehen, weil ich kaum fassen will, wie eine Handvoll Menschen seit über dreißig Jahren einer so aussichtslosen Übung treu bleiben kann. Die Hauptstütze der Gruppe ist eine Frau, die damals, vor dreißig Jahren, ein junges Mädchen war und schon damals das Menschengeschick zum Guten hin wenden wollte. Damals trug sie das Haar offen und sang mit schafsähnlicher Treue von einem besseren Leben. Heute ist die Frau zwischen 60 und 70 Jahre alt, ihr Haar ist grau und am Hinterkopf zu einer runden Glaubenszwiebel zusammengebunden. Ich glaube nicht, dass sie sich meiner erinnert. Allerdings schaut sie mich nicht an. Sie schaut, wenn sie singt, nach oben, wo der Segen herkommen muss, wenn er kommt. Nach der Frau treten die eigentlichen Helden der Gruppe auf. Es sind Männer in mittleren Jahren, die sich erst vor kurzem zu einem christlichen Leben haben bekehren lassen. Vorher waren sie Alkoholiker, Nichtsnutze, Ehebrecher, Faulpelze und Grobiane, die ihre Frauen und Kinder geschlagen haben und das heute öffentlich bereuen. Das Problem ist: Die Männer können nicht predigen, viele können nicht einmal richtig sprechen. Aber sie halten sich, seit sie Jesus Christus kennen, für Erleuchtete (das sagen sie wirklich), und deswegen nehmen sie an, ihre Rede ist die Rede von Jesus in der Wüste. Ich staune die Talentlosigkeit dieser Leute an und unterhalte mich dabei. Oft bleibe ich bis zum Ende der Darbietung der einzige, der schaut und hört. Die Prediger werden von einem manchmal sichtbaren Schauer überwältigt. An der Erregung ihrer Mienen ist zu sehen, was sie vor allem sagen wollen: Gib dir endlich einen Ruck.

Ich will weder etwas kaufen noch etwas verkaufen. Ich will nur verschwundene Gegenstände plötzlich wieder auftauchen sehen. Erst vor kurzem habe ich ein Teil wiederentdeckt, das vor etwa sechzig Jahren der letzte Schrei von jungen Frauen war: eine Krokohandtasche. Damals, als meine Schwester ein Teenager war, war eine Krokohandtasche der Beginn des Frauenlebens. Natürlich musste die Tasche echt sein. Auch die Krokotaschen ihrer Freundinnen waren aus echtem Krokoleder. Heute liegen die gleichen Krokotaschen achtlos auf den Tischen der Flohmarkthändler. Sie sind billig, aber kaum jemand will sie haben. Denn heute sind wir Naturschützer geworden, und die meisten von uns haben im Fernsehen die grausame Prozedur mitangesehen, wenn ein Krokodil im afrikanischen Busch mit einem harten Stahlnetz eingefangen und dann »verwertet« wird. Andere Dinge aus früheren Zeiten haben noch geringere Chancen, wieder einmal als unentbehrlich empfunden zu werden, zum Beispiel Schminkkoffer. Eine Frau auf Stöckelschuhen, mit Krokotasche und Schminkkoffer: Das wäre heute fast eine Lachnummer. Auch die Herren hatten ihre schwachen Stellen; ich meine (zum Beispiel) Zigarettenspitzen, Schuhspanner und Krawattennadeln. In den fünfziger Jahren versprach man sich von Schuhspannern, dass sie die Schuhe in Form hielten oder erst wieder in Form brachten. Es sind zwei der

Form der Schuhe angepasste Holzteile, die eine Stahlfeder miteinander verbindet. Auch diese Teile liegen auf dem Flohmarkt herum: fast geschenkt. Sonderbar ist allenfalls, dass uns ohne die Nachhilfe des Flohmarkts diese Gegenstände nicht wieder präsent werden könnten. Deswegen ist der Flohmarkt nicht nur eine Art Zeitbühne, sondern viel mehr noch ein Friedhof der toten Dinge.

Fünfzehn Meter weiter sehe ich eine Montur, die mich in der Kindheit über Jahre hin beschäftigt hat, obwohl sie mit meinem Leben nichts zu tun hatte: einen sogenannten Hüftgürtel, zuweilen auch Hüfthalter genannt. Das Wort Hüfthalter erinnert an das ebenso aufregende Wort Büstenhalter, und genau in dieser Kombination ist der Hüfthalter in die Welt meiner inneren Phantasietätigkeit eingetreten. Natürlich war es meine Mutter, die mir diese Bildwelten mehr oder weniger erschloss beziehungsweise verbarg. Ich war ungefähr zehn Jahre alt, als sie aufhörte, sich hinter der verschlossenen Badezimmertür anzuziehen. Der Hüftgürtel auf dem Flohmarkt umschließt die Hüften einer Puppe, und zwar genau so, dass man nicht auf den ersten Blick erkennt, wozu der Hüftgürtel genau gebraucht wird. In der Mitte der fünfziger Jahre war meine Mutter selbst ungefähr fünfzig Jahre alt geworden. Sie hatte drei Kinder zur Welt gebracht, von denen zwei, mein Bruder und ich, im Krieg und kurz danach geboren wurden. Jetzt war unsere Mutter sichtbar älter geworden (das sagte sie selbst) und gefiel sich nicht mehr. Natürlich glaubte sie – mit und ohne Krieg, mit und ohne Schwangerschaften –, zu dick geworden zu sein. Eines Tages kam sie vom Einkaufen zurück und packte eine rosafarbene, kastenförmige Textilie aus: ein Hüftgürtel. Das Teil war so fest gearbeitet, dass es ohne fremde Hilfe aufrecht auf dem Tisch stehen konnte. Mutter legte Kleid und Unterrock ab, stellte sich vor den Schlafzimmerspiegel und warf sich den Hüftgürtel um. Nach meinem Empfinden war das Bekleidungsstück zu eng. Natürlich verstand ich nicht, dass es zu eng sein musste. Die harte Umschalung hatte die Aufgabe, die Hüften zusammenzupressen, um den Körper schlanker erscheinen zu lassen. Diese Aufgabe hatten auch die reißverschlussartig untereinander angebrachten Haken und Ösen, die den Hüftgürtel auf der linken Körperseite zusammenschlossen. Erst jetzt wurde klar, warum ich der Ankleide-Aktion beiwohnen sollte. Denn meine Mutter hatte nicht die Kraft, den Hüftgürtel zusammenzuziehen und ungefähr zwanzig bis fünfundzwanzig Haken in die dafür vorgesehenen Ösen einzuschieben. Das war künftig meine Aufgabe. Abends, beim Ausziehen, half der Vater, aber morgens, wenn der Vater schon zur Arbeit gefahren war, war ich zuständig.

Ich kann mich heute nicht mehr erinnern, ob ich die Aufgabe sympathisch oder eher lästig fand. Eine Irritation ergab sich, als meine Mutter den Hüftgürtel eines Tages Straps nannte. Was sollte ein Straps sein? Das Wort hatte etwas derb Erotisches, allerdings fehlte dafür jegliche Anschaulichkeit. Ich fing an, hinter dem Wort eine verbotene Bedeutung zu suchen. Heute nehme ich an, dass das Wort mein erster Kontakt mit der Welt der Erotik war. Ein Hinweis dafür war, dass ich meine bestrapste Mutter gerne umarmte und dass sie gegen diese Umarmungen nicht einschritt. Ein zweiter Hinweis war, dass ich über das lächerliche Wort Straps nicht lachen musste. Über gleichzeitig auftauchende Wörter, zum Beispiel das Wort Büstenhalter, lachten ganze Schulklassen. Das Wort Straps löste nur Stummheit und Ernst aus: Dahinter musste sich so etwas Rätselvolles wie die Liebe verbergen. Noch heute, auf dem Flohmarkt, weht mich leichte Verlegenheit an, wenn ich einen realen Straps sehe. Dabei deutet die Verlegenheit nicht auf den Frauenkörper, sondern auf seine gar zu aufwendige Verhüllung. Die vielen wirklichen Frauen, die heute auf dem Flohmarkt umhergehen, tragen keinen Hüfthalter, viele von ihnen auch keinen BH und noch dazu sehr offene Blusen – und lösen keine Verlegenheit aus. Dahinter steckt der bloß vererbte Grund, warum ein Straps angeblich immer noch erotisierend wirkt.

Bis Mitte der achtziger Jahre hat es in der Frankfurter Innenstadt etwa acht Buchhandlungen gegeben. Weil ich in mehreren dieser Läden Kunde war, kannte ich einige der Inhaber persönlich. Wenn sie nicht alle gelogen haben, waren sie mit ihren Umsätzen im großen und ganzen zufrieden, eingerechnet die flauen Sommermonate, die durch die starke Umsatzsteigerung in der Vorweihnachtszeit ausgeglichen wurden. Dann verbreitete sich eine Nachricht, die auf die Inhaber der Buchhandlungen lähmend wirkte: Eine große Buchhandelskette beabsichtigte, auch in Frankfurt eine Niederlassung zu eröffnen. Wenn ich mich recht erinnere, gehörte ich damals zu den Optimisten. Ich glaubte, dass die ortsansässigen Sortimenter den Neuankömmling verkraften würden. Einige Buchhändler verwiesen sogar auf die ihrer Meinung nach ungünstige Lage der neuen Filiale; sie sollte auf einer zwischen stark befahrenen Straßen gelegenen Fußgängerinsel plaziert werden. Als ich hörte, dass sich die neuen Geschäftsbetreiber ein leerstehendes Kino als Geschäftsräume ausgesucht hatten, befielen mich Zweifel, ob die Kettenchefs ihre Erfolgsaussichten nicht überschätzten. Der Kettenladen lockte außerdem mit zusätzlichen Angeboten, zum Beispiel mit einem Café im Tiefgeschoss. Wobei zu sagen ist, dass dieses Café nicht wirklich wie ein Café aussah. Es wirkte eher wie ein Warteraum in einem Flughafen oder wie die Lobby eines mittleren Hotels. Das amorphe Großstadtpublikum schätzt diese Vermischung der Atmosphären. Ich bin offenbar ein eher konservativer Charakter (geworden), der die angetäuschte Vermischung des Angebots nicht schätzt; aber offenkundig gehöre ich einer Minderheit an. Wenn ich einen Buchladen betrete, dann wünsche ich Bücher zu sehen; bei mir sind die Welten nach wie vor getrennt. Die Atmosphäre der Kettenfiliale wirkte ein wenig zwiespältig, war aber erfolgreich. Es mussten, wie vorausgesagt, in der Folgezeit tatsächlich einige Buchhandlungen in der Innenstadt schließen. Andererseits haben inzwischen in Stadtbezirken, wo es zuvor nie Buchhandlungen gegeben hatte, ganz neue Läden ihre Pforten geöffnet. Es sind Buchläden jenes älteren Typs, den ich eigentlich für untergegangen gehalten hatte. Sie haben nicht mehr als zwei oder maximal drei mittelgroße Verkaufsräume mit einem kleinen Tisch für die Kasse und den Quittungsblock. Die Inhaber sind meistens auch das Personal. Sie sind außerdem überwiegend Literaturkenner, was das Publikum offenkundig zu schätzen weiß. Soweit ich weiß, hat keiner der neuen Läden bisher Insolvenz angemeldet.

Gegen Mittag erscheinen zwei Herren. Ich weiß, was sie sich anschauen wollen, ihrem Besuch ging ein Briefwechsel voraus. Ich führe die beiden in der Wohnung umher und zeige ihnen das Material. Ich habe es in Kisten und Kartons vorsortiert, ich gebe kurze erläuternde Kommentare. Die zwei Herren kommen vom Deutschen Literaturarchiv in Marbach, und sie sind hier, weil sie für ihr Archiv meinen »Vorlass» kaufen wollen. Leider bin ich ein wenig aufgeregt. Von diesem Besuch habe ich seit Wochen gewusst und hielt ihn doch für nicht ganz wahr. Wie in einer literarischen Fiktion habe ich es für möglich gehalten, dass die Herren ihre Absichten änderten. Es würde sich noch herausstellen, dass »man« nicht wirklich an meinen Sachen interessiert war. Aber dem ist nicht so. Die Herren sind wirklich eingetroffen, um den Umfang und die Art des Vorlasses zu sehen. In mehr als dreißig Ordnern habe ich Entwürfe, Vorstufen, Kapitelskizzen und kürzere Einzelbeschreibungen zu kommenden Romanen gesammelt und tatsächlich aufbewahrt. Ich hatte nicht damit gerechnet, dass sich außer mir je ein Mensch für dieses Material interessieren könnte. Die Aufzeichnungen sind oft nur deshalb entstanden, weil ich meiner inneren Mutlosigkeit irgendetwas entgegenhalten musste. Ohne diese Vor-Notizen wären die »eigentlichen« Werke nie entstanden. Ich war so sehr hin- und hergerissen, dass ich oft in Versuchung war, auch die Notizen wieder zu vernichten. Warum sie »überlebt« haben, weiß ich heute nicht mehr. Nach etwa eineinhalb Stunden verlassen die beiden Herren meine Wohnung. Wieder meine ich, dass sich die Meinung der beiden geändert haben muss. Die Anschauung des Materials muss ihnen die Augen geöffnet haben.

Merkwürdigerweise half mir in diesen zwiespältigen Wochen ein kleines Büchlein aus der Reihe »Rowohlts Bildmonografien«, das ich mir in meiner frühen Begeisterung für den Schriftstellerberuf einmal gekauft hatte. Es ist der Band über Thomas Wolfe, erschienen 1962. Das Cover zeigt den Schriftsteller mit dem Manuskript von »Of Time and the River«. Das Manuskript besteht aus einer kniehohen Aufschichtung loser Blätter. Vor dem Manuskriptberg steht eine geöffnete Holzkiste, die bis obenhin ebenfalls mit Manuskriptteilen aus »Of Time and the River« gefüllt ist. Dieses so hoffnungslose wie leidenschaftliche Bild hinderte mich immer mal wieder, meine eigenen Manuskripte und Aufzeichnungen wegzuwerfen. Der Grund für die immer wieder auftauchende Lust auf Vernichtung ist vermutlich die Scham. Die Scham vor dem Einblick anderer Menschen in das werdende Schreiben. Nach ein paar Tagen kommt ein Lieferwagen aus Marbach und holt meinen kompletten Vorlass ab. Noch ein paar Tage später schickt mir das Archiv einen Übereignungsvertrag.

Frühmorgens, zwischen sechs und sieben, lege ich ein verzittertes, ausdrucksstarkes Stück auf, sagen wir: die »Lyrische Suite« von Alban Berg, und warte, was passiert. Ich sitze am Schreibtisch und suche nach Wörtern. Nein, ich suche eigentlich nicht, ich warte und lausche. Diese Bedürftigkeit löst jeden Übermut auf. Ich schaue umher und erwarte Anstöße. Deswegen sehe ich auch auf die Straße hinunter, die um diese Zeit noch unbelebt ist. Das heißt, ganz unbelebt ist sie nicht. Zum Beispiel ist die Zeitungsausträgerin unterwegs. Sie zieht einen immer noch stabilen Kinderwagen aus den siebziger oder achtziger Jahren hinter sich her. Er ist bis zum Rand mit frischen Zeitungen gefüllt. Die Räder des Kinderwagens bringen ein wimmerndes Quietschen hervor, das auf wunderliche Weise in die Suite von Berg eindringt. Zuweilen fällt der Schlüsselbund der Zeitungsausträgerin zu Boden. Obwohl die Frau dick ist, bückt sie sich leicht. Dann öffnet sie eine Flasche Bier. Sie trinkt gern frühmorgens im Halbdunkel und schaut dabei schweifend die Hauswände entlang. Die Vermischung der Details ist anregend. Ich merke, die Bilder sprechen in mich hinein und bereiten den Beginn der Arbeit vor. In der Frühe habe ich eine mehr sozial, am Abend eine eher poetisch gestimmte Aufmerksamkeit. Das Spiel der Eindrücke entscheidet oft über den ersten Satz. Plötzlich ist es passiert. Die Musik von Berg und das Quietschen auf der Straße schlagen ein Thema an. Der Augenblick der Arbeit ist der Augenblick des Glücks. Und der Augenblick des Glücks ist der Augenblick der Verwandlung: Ich werde derjenige, der in Kürze schreiben wird. Entscheidend ist oft die Gleichzeitigkeit von anregenden und lächerlichen Einzelheiten. Nur in der Literatur fällt Wissen von größter Bedeutsamkeit mit Wissen von größter Nichtigkeit in eins zusammen. Der künstlerische Akt folgt der Ästhetik eines Licktheaters, das seinen Spielplan nicht veröffentlicht. Obgleich immer wieder das gleiche Stück gespielt wird: Wie ein Text seiner Verlockbarkeit in den Ausdruck folgt.

Vermutlich ist der Schreibende das Gefäß einer Reizung, für die er sich immer besser präparieren lernt. Aus diesem Grund ist es irreführend, sich Literatur nur aus Sprache bestehend vorzustellen. Ohne die dauernde Wechselbelebung zwischen äußeren Bildern, ihrem verzögerten inneren Echo und deren Drang nach Gestaltung würde niemand schreiben wollen. Deshalb gehört die biertrinkende Zeitungsausträgerin in meinen Text, obwohl sie in diesem nicht erscheinen wird. Aber auch das ist noch nicht sicher. Die Frau ist für etwa eine halbe Stunde hinter einer Mauer verschwunden. In dieser Zeit wird es taghell. Die Suite von Berg ist zu Ende. Es wird nicht lange dauern, dann werden Schwalben durch die Straßen flirren. Ihr Sirr-sirr-sirr klingt begütigend, wie nur ein Klang begütigend klingen kann. Auf der Straße hält ein Auto, ein junger Mann steigt aus. Es ist vermutlich der Sohn der Zeitungsausträgerin, der hier auf seine Mutter wartet. Ich habe noch nicht angefangen zu arbeiten. Die Zeitungsausträgerin kommt rechts hinter einem Mietshaus hervor.

Der Kinderwagen ist jetzt fast leer. Der junge Mann hebt den Kinderwagen in das Auto. Die Frau leert die Bierflasche und schaut auf den Boden. Zurück bleibt das Zittern der Suite und das Quietschen des Kinderwagens, mit dem ich anfangen werde, wenn ich anfangen kann. Allerdings ist der Lärm auf der Straße schon fast zu stark. Diese Betriebsamkeit passt nicht zu meiner tastenden Stimmung. Der junge Mann fährt mit der Zeitungsausträgerin davon. Frau Riedinger zieht die Rolläden ihres Gemüseladens hoch. Das ist ungewöhnlich. Normalerweise öffnet sie ihren Laden erst gegen neun. Aber es scheint nichts Ungewöhnliches passiert zu sein. Kaum ist der Rolladen oben, springt Frau Riedingers Hund hinaus auf die Straße. Er läuft fast den ganzen Tag entweder aus dem Geschäft hinaus oder in das Geschäft hinein. Draußen oder drinnen legt er sich eine Weile hin, dann steht er wieder auf und geht raus oder rein. Gibt es nervöse Hunde? Der Auftritt des Hundes verändert meine Stimmung, obwohl mich der Hund auch unterhält. Nervosität bei Hunden wirkt komisch und beruhigt die Nervosität der Menschen. Ich merke, dass meine Zitterlaune eine Spur komödiantisch wird. Die Mischung Zittern / Quietschen / Komik bringt eine gewisse Verzagtheit hervor, mit der ich nicht gerechnet habe. Früher, wenn ich mich als Kind langweilte, ging ich durch die Wohnung und öffnete die Schubladen. Ich fuhr mit der Hand in die Schubladen hinein und griff nach den Dingen. Und schon bald endete die Langeweile, und es begann die Unterhaltung mit einem Wäschestück meiner Mutter, meistens mit einem Büstenhalter. Heute genügt es, dass ich die Schublade meines Arbeitstischs ein wenig aufziehe und den Einfall des Lichts in die Schublade beobachte. Im Augenblick hellt das Licht nur die Borsten eines älteren Rasierpinsels auf, von dem ich nicht mehr weiß, warum ich ihn nicht wegwerfe. Die leichte Verzagtheit hält an. Aber das macht nichts, im Gegenteil. Ich habe es gern, wenn die Arbeit mit ihrer eigenen Schüchternheit beginnt.

Die Männer sitzen oder stehen im überfüllten ICE. Sie sind in Würzburg, Aschaffenburg, Karlsruhe oder Heidelberg zu Hause, aber ihre Arbeitsstelle befindet sich in Frankfurt oder Köln oder noch weiter weg. Die Männer sind täglich mehrere Stunden unterwegs, aber sie dürfen nicht klagen. Denn beides, ihr Privatleben und ihr Berufsleben, gilt als geordnet, und die tägliche Drängelei im Zug ist zwar unangenehm, aber keine wirkliche Behinderung. Vielleicht ist das Leben im Zug sogar die einzige wirkliche Befreiung des Tages. Denn während sie im schaukelnden ICE, dicht bedrängt vom Nebenmann, auf den Boden oder an die Decke starren, sind sie von beidem, von ihrem Job und ihrem Eheleben, gleichweit entfernt, und insofern verbringen sie während der Zugfahrt die einzige unangefochtene Zeitphase, wenn man von der Übernähe der fremden Körper einmal absieht. Freilich sehen die Männer nicht aus wie Beschenkte oder Befreite. Sie sitzen (wenn sie einen Sitzplatz haben ergattern können) in ihren engen Sitznischen. Ihre Taschen liegen auf den Knien, einige der Männer lesen immer noch oder schon wieder Akten. Ihre Beine haben sie angezogen, sie wollen mit den Knien ihres Gegenübers nicht zusammenstoßen. Nein, das Geschick des Pendlers war in ihrem Lebensplan nicht vorgesehen. Aber dann haben sie, irgendwo zwischen schönen Weinbergen oder am Ufer eines lauschigen Flusses, ihre Frau kennengelernt. Die Frau hatte gespartes Geld und von ihren Eltern einen Bauplatz, er hatte einen guten Willen und eine gute Stelle, jetzt haben sie ein Häuschen und ein Pendlergeschick. Denn jetzt ist er für die nächste Hälfte seines Lebens verschuldet und findet es mühsam, fast täglich an seine tolle Berufsperspektive denken zu müssen. Nein, eine Anfangsverbitterung darf nicht aufkommen. Aber merkwürdig ist es schon, dass durch das tägliche Nachdenkenmüssen aus dem schönen Zufall der Liebe ein ... nein, das Wort Zwang darf auch nicht aufkommen. Der Mann hat mit seiner entzückenden Frau inzwischen zwei kleine Kinder, über die sie anfangs beglückend herumgeschwärmt haben. Inzwischen sind aus den Kindern Argumente geworden: Nein, mit zwei kleinen Kindern kann ich nicht in dieses unselige Frankfurt ziehen. Außerdem ist seine Frau eine Naturliebhaberin, die kaum einen geselligen Abend vorübergehen lässt, ohne wenigstens einmal von den Weinbergen und den Flussufern zu schwärmen. Ihrem Mann kommt es so vor, als sei die Schwärmerei in Wahrheit eine gut verpackte Drohung: Komm bloß nicht auf die Idee, von mir eines Tages doch noch den Umzug in einen dieser öden Frankfurter Vororte zu verlangen. Diesen inzwischen hart gewordenen Privattatsachen kann der Mann nur entkommen, indem er täglich (außer am Wochenende) mehrere Stunden lang ein Pendler ist und dabei, wie einst die Auswanderer, fahrend von einem anderen Leben träumen darf.

Ich wunderte mich gerade über die Angewohnheit vieler Stadtbewohner, ein Wägelchen hinter sich herzuziehen. Meistens ist es leer, genau wie die Rucksäcke, die andere Menschen mit sich herumtragen. Da fiel mir ein am Boden sitzender Bettler auf. Das heißt, ich nahm ihn nur kurz zur Kenntnis und betrachtete dann eine Zeitungsseite, die von einem Wind weggetragen wurde. Da sagte der Mann am Boden: Ehhh Genazino, kennst mich nicht mehr?! Ich erschrak, sank für Augenblicke unsichtbar in mich zusammen, zögerte, ob ich den Mann länger anschauen sollte oder nicht. Die Situation war unbehaglich, im Grunde wollte ich weiter, aber ich machte jetzt doch den Fehler, den Mann ein paar Sekunden lang anzuschauen. Er war ungefähr in meinem Alter, er sah verkommen aus, sein Oberkörper lehnte schräg gegen die Hauswand. Ich wollte jetzt doch schnell weg, da sagte der Mann: Ich bin Volker Hisserich, wir waren mal zusammen aufm Gymnasium. Einen ehemaligen Mitschüler erkannte ich in ihm nicht, aber an den Namen erinnerte ich mich. Ich ging jetzt doch zwei Schritte auf ihn zu, blieb stehen, dann sagte er: Du warst gut in Erdkunde und Biologie. Das stimmte. Ich war versucht, kurz zu lachen, traute mich aber nicht. Als ich noch näher an ihn herankam, merkte ich, dass er stark roch. Es war der Geruch vieler Abstürzler: Alkohol, Urin, Schweiß. Du erinnerst dich nicht, stimmts? sagte er. Nur an deinen Namen, sagte ich. An den Namen! wiederholte er. Immerhin! Ich ließ mich ungern an meine Schulzeit erinnern, die für mich nicht besonders ehrenvoll war. Aber Hisserich sagte: Ich komme nicht mehr auf die Beine. Woran bist du verunglückt? Erst Scheidung, dann Alkohol, dann Schulden, dann keine Wohnung mehr.

Der übliche Aufmarsch der Klischees. Jetzt war ich doch misstrauisch geworden. Wahrscheinlich war alles viel einfacher. Schulden, fragte ich, wegen der Scheidung? Nee, sagte er, ich kaufe mir Sachen, die ich nicht bezahlen kann. Er lachte. Was zum Beispiel? fragte ich. Eine Eigentumswohnung, sagte er. Ich war jetzt sicher, dass er mich anschwindelte. Der übliche Lügenzwang eines Alkoholikers. Wer will schon ein Alkoholiker sein und sonst nichts? Ich fasste in meine Jackentasche und gab ihm fünf Euro. Er nahm den Schein ohne Reaktion. Wenn ich mich nicht täuschte, fühlte er sich abgespeist. Du siehst gut aus, sagte er, du verdienst gut, stimmts? Meine Verstimmung nahm zu. Ein Alkoholiker, der so tut, als hätte er sich zum Zeitvertreib mal kurz auf die Straße gelegt. Da kam eine ehemalige Kollegin aus der Leipziger Straße und blieb in einiger Entfernung stehen. Wilhelm, rief sie halblaut, und ich war dankbar dafür. Ich sagte: Ich muss weiter. Klar, sagte er, so warst du immer, du musst weiter. Am liebsten hätte ich ihm den Fünf-Euro-Schein wieder aus der Hand genommen. Natürlich konnte ich mich zurückhalten.

Vermutlich kennt jeder das Moment der plötzlichen inneren Überforderung durch die Stadt, die gleichzeitig Lust macht. Wir befinden uns in einer Art Straßenrausch, das heißt, wir wissen nicht genau, was mit uns los ist. Das Wort Straßenrausch stammt von Siegfried Kracauer. Auch er hat offengelassen, was genau er mit dem Wort meinte. Es steckt darin (wie in jedem Rausch) der Augenblick der Abstoßung und der Augenblick der Anziehung. Eine Weile ist es unterhaltsam, sich in den überfüllten Straßen zu bewegen. Es macht Vergnügen, den entsetzlichen Straßenmusikern zuzuhören. Zum Beispiel einem älteren Mann mit einer riesigen Trommel vor dem Bauch, einer Klarinette in den Händen und einem Blechring an den Füßen. Wie soll man nur das Geräusch nennen, das der Mann hervorbringt? Es ist eine Kakophonie, ein schwer zu fassendes Scheppern, an dem allenfalls Kinder Spaß haben. Ich empfand den Mann aus einem anderen Grund als interessant. Er erinnerte mich an ähnliche Männer in der Nachkriegszeit, die mit Drehorgeln in den Hinterhöfen unterwegs waren. Ihre Musik war bedrückend und jammervoll. Die Drehorgeln waren eigentlich kaputt und hätten nicht mehr verwendet werden dürfen. Aber es gab außer der Kriegsnot auch noch die Nachkriegsnot. Oft fehlte den Drehorgelmännern ein Arm oder ein Bein. Oder es war ein Teil ihres Kiefers weggerissen oder ein Ohr. Dafür hatten sie ein Äffchen auf ihrer Drehorgel sitzen, das sich permanent selbst lauste. Es war an einer sehr kurzen Leine angebunden. Das Tier konnte die Drehorgel nicht verlassen. Nach einiger Zeit öffneten sich die Fenster und die Balkontüren, und es zeigten sich Ehefrauen und Mütter. Die Kinder konnten vom Hof aus dabei zusehen, wie die Mütter zwei Groschen in Zeitungspapier wickelten und das kleine Päckchen in den Hof hinunterwarfen. Mehr als einmal sah ich dabei meine eigene, nicht spendable Mutter. Wir hatten selbst viel zu wenig Geld, aber meine Mutter wollte einmal in der Woche als huldreicher Engel erscheinen. Den grössten Eindruck machte sie auf mich. Selbst am Abend, wenn sie wieder die graue Nachkriegsfrau war, konnte ich noch die Engelsaugenblicke imaginieren. Die Leute hier sind nicht im Straßenrausch, allenfalls im Kaufrausch. Die meisten haben strenge, ein wenig angestrengte Gesichter, der Tumult des Konsums peinigt die Züge. Nicht weit von hier, hinter der Peterskirche, gibt es einen kleinen Friedhof. Es dauert nicht einmal zehn Minuten, dann sitze ich zwischen vielen Gräbern auf einer verkommenen Holzbank. Außer mir sind nur zwei Frauen unterwegs. Der Vorteil eines Friedhofs ist: Es gibt hier keinen Würstchenstand, keinen Ballonverkäufer, keinen Marktschreier, keinen Mann mit Trommel und Klarinette. Nur die beiden ältlichen Engel mit Gießkannen und kleinen Rechen.

Muss eine Fußgänger-Unterführung wirklich so aussehen wie ein Mittelding zwischen einer Umkleide-Kabine und einer schon etwas älteren Gaskammer? Und wen kann man ansprechen auf die Schlichtform unserer Tankstellen? Und weil wir schon einmal dabei sind: Fühlt sich jemand verantwortlich für die lausige Form von Camping-Wagen, Armbanduhren, Friseur-Salons und Autobahn-Zubringern? Und wie lange müssen wir noch den Anblick von Pudeln, Bulldoggen und Wellensittichen ertragen? Gibt es nicht irgendeine barmherzige Bürgerinitiative, die die Tiere still und heimlich einfängt und sie in weit entfernten Reservaten wieder aussetzt? Zum Schluss das delikateste Anliegen: Unsere Polizistinnen. Fast immer, wenn ich eine von ihnen sehe, möchte ich beinahe um Hilfe schreien. Das Blondhaar, das rechts und links unter der Kappe hervorquillt! Die schönen kleinen Frauenfüße, die in klobigen Stiefeln verschwinden! Und erst der Hintern und die Schenkel, die in viel zu engen Uniformhosen stecken, und zwar Tag für Tag! Findet das niemand zum Erbarmen? Natürlich gelten diese Seufzer auch ihren männlichen Kollegen. Aber Männer haben sozusagen von altersher das größere Recht auf ein unmögliches Outfit; bei vielen von ihnen ist die Geschmacklosigkeit derart zur natürlichen Form geronnen, dass sie uns schon lange nicht mehr auffällt. Aber seit nicht wenige Frauen damit anfangen, männliche Schlichtheit nachzuahmen, kann man nur noch auf das Einschreiten von Engeln hoffen.

Aber solche Engel gibt es nicht, ich weiß. Das bedeutet, wir müssen weiterleben mit den Anblicken von Friseur-Salons, Tankstellen, Pudeln, Polizistinnen. Unser Alltag ist – ich schätze mal – bis zu 70 Prozent fast geschmacklos, und an vier von fünf Tagen wünsch' ich mir, dass es so bleibt. Und hoffentlich ist niemand auf mein Theater hereingefallen! Denn natürlich mag ich Tankstellen, die die Ödnis besser ausdrücken als jedes Kunstwerk, und natürlich schätze ich Fußgänger-Unterführungen, schon weil sie von keiner Frohsinns-Kampagne bedroht werden können. Und wie bewundere ich unsere Polizistinnen! Besonders eindrucksvoll sehen sie aus, wenn sie links den Gummiknüppel und rechts die Handschellen am Gürtel hängen haben und trotzdem – jetzt wieder, im Sommer – ein Eis lecken. Wenn sie mit dem Eis fertig sind, ziehen sie sich ihre Uniform glatt – und sehen im Handumdrehen wieder staatstragend aus. Nein, eben nicht! Sie gehen dahin wie leibhaftig gewordene Widersprüche ihrer selbst, eingefangen in die Zeichen ihrer Weiblichkeit, die mal hervorblitzen dürfen und mal wieder nicht.

Als die Post noch Deutsche Bundespost hieß und keine Gewinne machen musste, gab es in den Stadtteilen schöne, große und – im Winter – auch geheizte Schalterhallen. In diesen Hallen standen mehrere Sitzbänke und kleine Tische, manchmal auch Stehschreibtische, wenn jemand (mit der Hand) eine Postanweisung oder eine Zahlkarte ausfüllen musste. Hier trafen sich viele Rentner, deren Wohnung ungemütlich oder zu kalt war, auch viele junge Mütter mit Kind und Kinderwagen und mancher Arbeitslose, von denen es damals erst wenige gab. Die meisten Rentner hatten noch kein eigenes Konto; die Renten wurden noch persönlich von Postbeamten am Schalter ausgezahlt. Aber auch Rentner, die ihre Rente schon abgeholt hatten, waren immer noch oder schon wieder da. Die Schalterhallen waren mollig warm, und außerdem war es damals noch nicht üblich, in Cafés unnötig Geld auszugeben. Bis zu ihrer Privatisierung hatte die Post eine Tendenz zur Gemeinnützigkeit. Junge Frauen machten hier ihre Säuglinge frisch oder stillten sie. Die Rentnerinnen verzehrten mitgebrachte Brote, die alten Herren sahen wieder mal nach, ob in ihren Brieftaschen noch alles in Ordnung war. Viele dieser Brieftaschen hatten die Kriegsjahre überlebt und mussten, damit sie nicht auseinanderfielen, mit einer Gummiflitsche zusammengehalten werden. Die Beamten (man sagte damals: die Beamten) sahen dem Treiben geduldig zu. Wobei nicht immer klar wurde, wer wen beobachtete. Ich glaube, die beiden Großgruppen (Rentner und Beamte) fanden sich gegenseitig sehenswert. Auch die Beamten packten dann und wann ein belegtes Brot aus. Viele kauten still vor sich hin, wenn sie Briefe abstempelten oder den Quittungsabschnitt einer Postanweisung abschnitten. Von diesem beeindruckenden Gemeinschaftsleben ist heute nichts mehr übrig. Die großen Posthallen sind verschwunden beziehungsweise verkauft, vermietet, abgerissen. Das Postpersonal wurde stark reduziert, die Räumlichkeiten ebenso stark verkleinert. Ihren Postschalter finden die Postkunden heute in kleinen Ecken von Kaufhäusern oder in den Rezeptionen großer Hotels. Die Post ist Untermieter geworden. Man kann nicht sagen, dass die Post ihre Aufgaben vernachlässigt, es geht alles seinen Gang wie früher. Nur: *Beeindruckt* ist von dieser Post niemand mehr. Es ist auch niemand freiwillig hier. Man liefert rasch sein Einschreiben ab und ist froh, wenn man die kleine verdrückte Kaufhauspost wieder verlassen darf.

Menschen, die ohne Zubehör unterwegs sind, kann man sich heute kaum noch vorstellen. In früheren Jahren war ein Schirm oder ein Spazierstock das Äußerste, was eine Einzelperson mit sich führte. Heute hat sich das Angebot von Begleitgeräten erheblich erweitert. Zwischen den Hochhäusern der Banken und Versicherungen sieht man junge Angestellte, die auf Rollern zwischen den Bürotürmen verkehren. Andere sind zwar zu Fuß, aber sie mögen ihre Wege nicht ohne Radio, ohne Computer oder ohne iPad zurücklegen. Wieder andere haben sich Kopfhörer über das Haupt gespannt, weil sie ohne Musikanreicherung nicht mehr leben mögen. Es sei denn, in der Hosentasche macht der schrille Ton ihres Handys auf sich aufmerksam. Ganz zu schweigen von den Rucksackträgern. Wer ferne Berge erklettert oder dunkle Wälder durchquert, hat für einen Rucksack natürlich gute Gründe. Aber warum laufen so viele Menschen mit prall gefüllten Rucksäcken durch die Großstädte? Noch viel sonderbarer sind Menschen mit leeren Rucksäcken. Platt wie Pfannkuchen liegen die unteren Enden der Rucksäcke auf dem Po ihrer Träger auf. Es gehört eine gewisse Peinlichkeitsresistenz dazu, die Schrägheit der eigenen Erscheinung zu ignorieren. Es gibt sogar Menschen, die mit zwei prall gefüllten Rucksäcken auf Tour sind. Ein Rucksack hängt über dem Bauch, der andere auf dem Rücken. Man weiß längst: Alles kann zur Sucht werden, sogar der Rucksack. Umso dringlicher frage ich mich: Was tragen diese Menschen immerzu mit sich herum? Vor kurzem hat mir ein Zufall weitergeholfen. In einem Supermarkt sah ich einen kleinen, etwas aufgeschwemmten Mann mit zwei Rucksäcken. Er ging schnurstracks zur Leergut-Annahme, stellte dort beide Rucksäcke auf den Boden und räumte sie Stück für Stück aus. Es handelte sich um leere Bierflaschen. Die Rucksäcke waren so fest gepackt, dass während des Tragens nicht einmal das Klackern der Flaschen zu hören war. Hier tarnte sich ein empfindsamer Alkoholiker als Wanderer. Es gab keinen Zweifel: Der Mann hatte das typisch trübe, graugrüne Gesicht eines Dauertrinkers, der das ordentliche Leben eines Süchtigen führte. Er packte fünfzehn neue, das heißt volle Flaschen Bier (vermutlich konnte er mehr auf einmal nicht tragen) in seinen Rucksack. Er zahlte an der Kasse (er kaufte, ohne seinen Einkauf zeigen zu müssen), verließ unauffällig den Supermarkt, fast geräuschlos, weil er auch jetzt verhindern wollte, dass die vollen Flaschen gegeneinanderstießen.

Die Frau, von der ich hier erzähle, geht auf die siebzig zu, genau wie ich. Vor ungefähr vierzig Jahren, als ich nach Frankfurt kam, war sie – für damalige Verhältnisse – vergleichsweise lange meine Geliebte. Natürlich verwendete damals niemand das Wort »Geliebte«. Aber jetzt, nach so langer Zeit, ist das Wort passend geworden, weil ein gewisser Respekt mitklingt, vielleicht auch Dankbarkeit. Die Frau war ein »Typ«, auch ich war ein »Typ«, viel mehr musste man damals nicht wissen. Alle »Typen« lebten in Wohngemeinschaften, man studierte oder studierte nicht mehr, man hatte einen Job oder lebte immer noch von den Eltern, weil viele »Typen« zu Hause nicht sagten, dass sie gar nicht mehr studierten. Meine Freundin fand es aufregend, dass ich Schriftsteller war, obgleich sie mir auch misstraute. Zuweilen dachte sie, dass ich einfach ein Angeber war oder mich bloß interessant machen wollte. Dann zeigte ich ihr einen Text, der in einer Literaturzeitschrift veröffentlicht worden war. Ihr Misstrauen verflog, mein Ansehen wuchs. Allerdings wurde die Geliebte bald von einer anderen Angst heimgesucht. Jetzt glaubte sie, dass ich unser Liebesleben heimlich als Vorlage für mein Schreiben ausbeutete – wie es berühmte Schriftsteller machen; das hatte sie jedenfalls in einer Illustrierten gelesen. Ich lachte und leugnete, aber sie glaubte mir nicht. Sie wollte alle meine Texte unter diesem Gesichtspunkt vorab lesen. Ich war empört und wies die Kontrolle zurück. Und weil sie von der Wahrheit ihres Misstrauens überzeugt war, kam es an diesem Punkt – nach einigen Liebesjahren – zum Bruch.

Jetzt ist sie eine Greisin, sieht immer noch attraktiv aus und hat, was unser einstiges Privatleben betrifft, eine hundertprozentige Kehrtwende hinter sich. Sie ist jetzt sehr dafür, dass ich mich, mit dem sicheren Abstand der Jahre, über unsere früheren Erotika schriftlich verbreite. Genau das stellt sie sich heute als amüsant vor. Jedesmal, wenn ich sie treffe, fragt sie mich: Hast du schon angefangen? Und lacht frech.

Noch nicht, antworte ich.

Worauf wartest du?

Ich warte überhaupt nicht, sage ich, die Beschreibung einer lebenden Person, mit der ich intim war, ist schwierig und braucht Zeit.

Wieso, fragt sie, du hast doch alles, was zwischen uns passiert ist, genausogut im Kopf wie ich.

Trotzdem muss ich überlegen, was ich davon verwenden will und was nicht, antworte ich, einmal abgesehen von grundsätzlichen Fragen.

Grundsätzliche Fragen? Was denn?

Es gibt mindestens vier zentrale Probleme, sage ich. Das erste ist: Soll der Text wahr sein? Das zweite ist: Soll der Text neuartig sein? Das dritte ist: Soll der Text die beschriebene Person beeindrucken oder die Leser? Und das vierte ist: Soll der Text etwas von der beschriebenen Person vor dem Vergessen bewahren? Jetzt fällt mir noch ein fünftes Problem ein: Darf der Text die beschriebene Person befremden? Und noch etwas: Ist die beschriebene Person mit der Fremdheit ihres Geschlechts überhaupt vertraut? Ich weiß nicht mehr, welcher Theoretiker darauf hingewiesen hat, dass keine Frau ihr Geschlecht direkt sehen kann. Sie müssen einen Spiegel zu Hilfe nehmen. In diesem konstruierten Spiegelblick liegt nach Meinung des Theoretikers, dessen Namen mir immer noch nicht einfällt, der Grund für die weibliche Hysterie.

Ach Gott, seufzte sie.

Schon durch diesen Seufzer wurde mir die Frau wieder sehr sympathisch.

Möchtest du über die Fragen nachdenken? fragte ich.

Sie schwieg eine Weile und schaute dabei in das Innere eines geparkten Autos.

Rufst du mich an, falls du antworten willst?

Ich möchte lieber nicht, sagte sie.

Ich lachte und staunte und rieb mir die Augen. Ich hätte nie für möglich gehalten, dass ein lebender Mensch diesen Literatursatz jemals aussprechen könnte. Ich traute mich nicht zu fragen, ob sie die Geschichte von Bartleby kannte oder nicht. In unserer schönen Antwortlosigkeit glitten wir langsam auseinander.

Eines Nachts verließ ich sehr spät eine Party und steuerte die nächste U-Bahn-Haltestelle an. In der Hauptwache verfehlte ich die Bahn nur knapp, so dass ich zehn Minuten auf die nächste warten musste. Eine Weile saß ich ganz allein in der überhell erleuchteten Station, dann sah ich erst zwei, dann drei Mäuse in bemerkenswerter Ruhe umherlaufen. Es waren große, prächtige, gutgenährte Tiere. Sie waren aus einem schmalen Spalt in der Kachelverschalung der hinteren Wand herausgekrochen. Sie suchten offenkundig nach Nahrung; immer mal wieder blieben sie stehen und hoben die Schnauze witternd in den Schachtwind, ob von irgendwoher eine Gefahr drohte. Mich fanden sie nicht beunruhigend, wenn sie mich überhaupt bemerkten. Denn ich saß fast reglos auf einem Stahlsitz nahe der Wand und betrachtete das Nachtleben der Mäuse. Sie hatten viel zu tun. Tatsächlich lagen entlang der Bahnsteigkante kleine Fleischstücke, Salatblätter, Gurkenscheiben, Brotreste, Zwiebelringe. Erst jetzt fiel mir auf, wieviel Speisereste hier herumlagen. Die Mäuse fraßen alles und zwar an Ort und Stelle. Nach etwa zwei Minuten betrat eine junge, gutaussehende Frau die U-Bahn-Station. Sie sah die Mäuse sofort und stieß einen kleinen hellen Entzückensschrei aus. Die Mäuse hörten den Schrei und liefen zurück in ihr Mauseloch, allerdings nur kurz. Nach einer halben Minute kamen sie wieder hervor und setzten die Suche fort. Die Frau hatte offenbar noch nie Mäuse gesehen. Sie hielt sich eine Hand vor den Mund und nahm drei Sitze neben mir Platz. Es waren jetzt vier Mäuse, eine zielstrebiger als die andere. Bis erneut das donnernde Geräusch einer Bahn hörbar wurde. Abermals huschten die Tiere in ihr Loch und warteten. Die Türen sprangen auf, vier Männer und eine Frau stiegen aus und unterhielten sich laut. Ich hatte eigentlich zusteigen wollen, aber noch eigentlicher wollte ich doch nicht. Die Frau neben mir sah mich an. Auch sie blieb sitzen, auch sie wartete, bis die Bahn abrauschte und die Mäuse in kurzer Zeit wieder erschienen.

Genauso war es. Die Frau blitzte mit vergnügten Augen und hielt sich wieder die Hand vor den Mund, vermutlich, weil sie keine Geräusche machen wollte beim Lachen. Ich wusste immer noch nicht, ob ich mit der Frau reden wollte oder nicht, obwohl ich müde war und mich leergeredet fühlte. Da öffnete die Frau ihre Handtasche und holte ein Stück Schokolade heraus. Die Frau wickelte die Schokolade aus dem Staniolpapier.

Sind Sie auch gespannt, ob die Mäuse Schokolade essen!?

Ich war nicht gespannt, jedenfalls nicht auf das Verhalten der Mäuse. Ich hatte nicht den geringsten Grund, mit einer Frau anzubändeln, unter den gegebenen Umständen schon gar nicht. Dennoch überlegte ich, ob ich nicht noch eine Bahn ohne mich ziehen lassen sollte. Die Frau brach drei Rippen Schokolade auseinander und warf sie in kleinen Stücken den Mäusen hin und leckte sich dann die Finger ab. Die Tiere kamen schnell herbei und knabberten die Schokoladenstücke weg. Die Frau lachte leise und brach erneut etwas Schokolade ab. Die Mäuse verhalten sich nicht nahrungssortiert, sagte die Frau; sie tun so, als würden sie seit langer Zeit jeden Tag Schokolade essen.

Ich erschrak über die Geläufigkeitsintelligenz dieser Bemerkung und überlegte, ob ich sie trotzdem kommentieren sollte, aber mir fiel nichts Passendes ein.

Die Mäuse fressen alles, was man ihnen hinwirft, wie moderne Menschen, sagte die Frau.

Diesen Satz wollte ich bestimmt nicht kommentieren, ich wollte ihn nicht einmal gehört haben. Plötzlich hatte ich das Gefühl, dass die Party, vor der ich gerade geflohen war, hier weiterging. Oder war die Frau auf der gleichen Party gewesen, und ich hatte sie nur nicht bemerkt? Da fuhr zum Glück die U-Bahn ein, ich stieg zu und bemerkte mit einer starken nächtlichen Erleichterung, dass die Frau zurückblieb und den Rest ihrer Schokolade an die Mäuse verfütterte.

Zum Glück hat Frankfurt bisher der Versuchung widerstanden, sich Literaturstadt zu nennen. Es gibt (oder gäbe) dafür ein paar deutliche Anreize. Immerhin lockt Jahr für Jahr die Buchmesse hunderttausende von Ausstellern und Besuchern in die Stadt. Verwenden ließe sich auch der Hinweis, dass der vermutlich bedeutendste deutsche Dichter ein Frankfurter war und hier seine Jugend verbrachte und außerdem ein heute noch oft gelesenes Werk über diese Jugend geschrieben hat. Merkwürdigerweise ist Frankfurt – trotz Goethe, trotz Adorno, trotz Schopenhauer, trotz Struwwelpeter – eine Stadt ohne literarischen Ruf geblieben. Für Frankfurt beruhigend muss man dazu sagen: Es gibt auf der ganzen Welt keine einzige Literaturstadt, obwohl es da und dort nicht an Versuchen mangelt, die eine oder andere Gloriole in die Welt zu setzen. In keinem einzigen Fall richten sich die Städte nach solchen Marketingansprüchen. Zum Beispiel ist die irische Hauptstadt Dublin stolz darauf, gleich drei weltberühmte Autoren (James Joyce, Samuel Beckett, Oscar Wilde) für ihre Heimatdichter halten zu dürfen. Aber Dublins Vitalität weist jeden musealen Anstrich energisch zurück. Auch in Lissabon regt sich dann und wann das Verlangen, sich die Schleife einer Literaturhauptstadt umbinden zu lassen, weil der kaum zu überschätzende Fernando Pessoa dort geboren wurde und viele Jahre lang in einem bedrückend belanglosen Büro gearbeitet hat. Ähnlich heftig bemüht sich das italienische Triest darum, noch heute davon zu profitieren, dass der grandios bescheidene Italo Svevo ein Sohn der Stadt war und seine Nachkommen noch heute dort leben. Wer Dublin, Lissabon oder Triest heute besucht, atmet erleichtert auf, dass diese Städte trotz aller Anstrengungen ihrem literarischen Ruhm entkommen sind. So ergeht es auch Frankfurt. Niemand spricht von Goethe, niemand von Adorno; alle sprechen von der Bankenstadt, der Autostadt, der Messestadt.

Erst viel später kam mir der Gedanke, dass unsere nächtlichen Herumtreibereien ein Versuch waren, in einer Art Boheme zu leben. Im Fremdwörterbuch steht unter dem Wort Boheme: »Unbürgerliche, unkonventionell lebende Künstlergesellschaft«. Genau darum handelt es sich – und auch wieder nicht. Die Redakteure wussten zum damaligen Zeitpunkt nicht, dass aus ihnen Künstler werden sollten. Nur von den Zeichnern und Malern, die in der Redaktion erschienen, ging ein starker Sog in Richtung Boheme aus. Sie wirkten wie Bojen; auch wer noch nicht Künstler war, merkte rasch, wohin die Lebensreise ging. Korrekterweise müsste es Halbboheme heißen, sofern es soetwas gibt. Halbboheme meint, dass wir nicht völlig ungebunden und ohne Rückhalt von der Hand in den Mund lebten. Tagsüber waren wir Angestellte mit festen Bürozeiten und ebenso festen, wenn auch zu niedrigen Gehältern. Der Chefredakteur erwartete von seinen Redakteuren, dass sie täglich Überstunden machten, und zwar ohne Murren und ohne finanzielle Kompensation. Die Halbboheme nach der Redaktionsarbeit war ein Versuch des Ausgleichs der oft unangenehm empfundenen Abhängigkeit. Es geschah öfter, dass die eine oder andere Ehefrau besorgt in der Redaktion erschien und nachschaute. Der unangemeldete Besuch der Ehefrau am Arbeitsplatz des Mannes ist ein delikates Kapitel. Der Besuch beschämte den Ehemann und warf ein Licht auf ängstliche Verhältnisse; manche Ehefrau mochte kaum glauben, dass ihr Mann tatsächlich nur Überstunden machte. Ich selbst war in gewisser Weise im Vorteil, weil meine Frau zweihundertfünfzig Kilometer entfernt wohnte und nicht die Absicht hatte, nach Frankfurt überzusiedeln. Die meisten Redakteure waren zuvor in anderen Städten zu Hause gewesen und bewohnten vorerst möblierte Zimmer oder kleine Appartments. In der Wohnung des einen und anderen befand sich ein Sofa, das für eine plötzlich notwendige Übernachtung bereit war. Die erste Zuflucht nach Feierabend war eine unansehnliche Bierstube in der Eckenheimer Landstraße. Sie hatte ein kleines Hinterzimmer, in dem sich außer uns niemand aufhielt. Es gab hier einen Flipper und einen Kicker und eine Musikbox. Der Wirt war ein kleiner, ängstlicher Ausländer, der seinen Gästen nicht traute. Abend für Abend kehrten bei ihm fünf bis sieben Leute ein, Männer und Frauen, spielten an den Geräten, tranken einige Biere und arbeiteten die Zumutungen des Redaktionsalltags auf. Noch vor einer Stunde waren wir schweigsam gekränkte Wiedergänger, aber jetzt hatten wir (im Spiel) unsere Innenwelten ausgewechselt beziehungsweise erneuert beziehungsweise überwunden. Für die nächsten drei bis fünf Stunden, manchmal fast die ganze Nacht, blieben wir zusammen, zogen weiter in andere Kneipen, redeten fast ununterbrochen über Journalismus und Literatur, Theater und Oper, Kleinbürgertum und neue linke Kultur. Wir redeten nicht darüber, dass wir vielleicht Teil einer neuen Boheme waren, die sich zwischen den Klassen in den Großstädten herausbildete. Einmal waren wir nahe dran, ein Chaostheater zu gründen.

Zum Glück ist nichts draus geworden. Im Grunde waren wir vom Durcheinander unseres Alltags schon genug überfordert. Die Theoretiker der Alternativkultur sind sich einig darin, dass die Boheme keine selbständige soziale Schicht (oder Klasse) ist. Die Boheme gründet sich auf Leute aus dem Klein- oder Großbürgertum, die mit ihrer Herkunftsschicht unzufrieden sind, zu der sie allerdings auch oft wieder zurückkehren. Der Grund für diese Rückkehr ist, dass die soziale Zwiespältigkeit einer sich nirgendwo zugehörig fühlenden Schicht auf Dauer schwer erträglich ist. Ich erinnere mich, dass ich während meiner Jugend starkes Unbehagen vor dem Kleinbürgertum hatte; schließlich gehörte meine gesamte Verwandtschaft dieser Mischpoke an. Auch meine Frau teilte die Furcht vor den Restriktionen der kleinbürgerlichen Moral. Sie gehörte, bevor ich sie kennenlernte, einem Freiburger Studenten- und Künstlerkreis an, der Bürgerlichkeit jeder Art verachtete. Sie propagierte zum Beispiel das Recht auf Untreue, womit meine – kleinbürgerliche – Eifersucht erhebliche Probleme hatte. Für meine Frau war Eifersucht nichts weiter als ein übles Unkraut, von dem man sich gefälligst zu emanzipieren hatte. Für mich jedoch war Eifersucht der Darsteller eines Schmerzes, der ein originärer Teil des Lebens selbst war und nicht so einfach wegargumentiert werden konnte. Der Schmerz zeigte sich mir zum Beispiel in einem unaufhebbaren Widerspruch, der meiner Frau sehr gefiel: Ich war gerne mit ihr zusammen, aber ich war nicht gerne verheiratet, weder mit ihr noch mit einer anderen Frau. Vor diesem Hintergrund war klar, dass die Boheme als Lebensform die inneren Probleme des Ichs völlig unberührt ließ. Wir konnten uns halbe oder ganze

Nächte um die Ohren schlagen, ohne dass dabei auch nur *ein* Konflikt verdampft wäre. Die Boheme gewährte höchstens einen kurzen Urlaub von den Konflikten, mehr nicht.

Viel peinigender war für mich ein anderes Problem: Ich wusste nicht, wie ich meine finanzielle Situation aufbessern sollte. Der Boheme-Forscher Gerd Stein schrieb 1982: »Noch während die Boheme ihr Künstler-Dasein aufmüpfig als eine kunterbunte, antibürgerliche Episode bestreitet, spekulieren diese Bohemiens bereits auf gediegenere Lebensformen«. Genauso kam es. Aber wo gab es »gediegenere Lebensformen«? Es existierte nicht nur die *pardon*-Clique, die sich nächtens herumtrieb. Es tauchten außerdem, oft in den gleichen Lokalen, noch vier weitere Gruppen auf. Ich meine die Leute aus den Literatur-Verlagen, insbesondere von Suhrkamp und S. Fischer; dann die Damen und Herren aus der Werbebranche; drittens studentische Intellektuelle, von denen viele nicht wussten, ob sie ihr Studium abschließen sollten oder nicht; und viertens junge Schauspieler und Regisseure aus den kleinen und großen Theatern. Alle diese Menschen hatten eines gemeinsam: Sie hatten zu wenig Geld – und es war ihnen verhasst, sich ausgerechnet wegen Geld krummlegen zu müssen. Ich begann in den frühen siebziger Jahren, kürzere und längere Texte zu schreiben, die ich den Literaturabteilungen der Radiosender anbot. Von diesen einzelnen, noch nicht als zusammenhängend vorgestellten Texten wusste ich damals nicht, dass sie Vorstudien für die *Abschaffel*-Romane waren. Eines Tages traf ich beim Saarländischen Rundfunk den Berliner Autor Nicolas Born. Er war ein scheuer, freundlicher junger Mann und Dichter, der Gefallen gefunden hatte an dem Text, den ich in

Saarbrücken gelesen hatte. Er nahm den Text mit nach Berlin und veröffentlichte ihn ein paar Monate später im Rowohlt'schen Literaturmagazin, zu dessen Herausgebern er gehörte. Auf diese überraschende Weise hatte ich plötzlich Kontakt zum Rowohlt Verlag.

Obwohl er keine Ahnung hat, ist der frisch angekommene Provinzler oft der heftigste Propagandist der Großstadt, in der er künftig leben wird. Er schämt sich ein bisschen seiner bedeutungslosen Heimat und ist froh, dass er ihr entkommen ist. Jedenfalls sagt er das. Er wird Jahre brauchen, bis er seine Überschätzungen der Stadt als solche durchschaut. Aber dann erinnert er sich in liebevollem Ton an seine anfänglichen Erwartungen. Der Provinzler ist bereit, sich in der Fremde über seine alte Heimat lustig zu machen, was er sich zu Hause nicht getraut hat. Jetzt sitzt er in der U-Bahn und lernt die Namen der Haltestellen. Ich erinnere mich oft an meine ersten Jahre in Frankfurt und wie heftig ich anfangs glaubte, niemals in dieser Stadt »anzukommen«. Ich ließ mir, wie so oft, von der Literatur helfen, zum Beispiel von den Romanen von Thomas Wolfe, F. Scott Fitzgerald oder Sherwood Anderson. Die Ankunft eines schüchternen Fremden in einer neuen Stadt ist ein uramerikanisches Thema. Die Wahrheit ist: Die Lektüre dieser Romane half mir nicht. Was sich stattdessen ereignete, war eine Erfahrungsspaltung. Ich fand die Romane gut, aber sie hatten eben nichts mit mir und Frankfurt zu tun. Ich war nicht einmal in der Lage, über mein Problem mit Kollegen zu reden. Auch sie waren neu hier, auch sie waren fremd, auch sie waren Provinzler, aber auch sie waren überwiegend stumm. Mir war erst geholfen, als ich eines Tages bemerkte, dass auch die neue große Stadt eine Provinzstadt ist. Dabei macht es Frankfurt seinen Bewohnern leicht, die Atmosphären von Weltstadt und Provinznest miteinander zu vermischen – und die Vermischung nicht anstößig zu finden. Als Kind öffnete ich frühmorgens alle Schubladen, weil mir auch unsere Wohnung fremd war. Der Anblick der frischen Wäsche, der Blusen und Hemden in den Schubladen beruhigte mich. Meine Mutter fragte mich, warum ich die Schubladen herauszog. Natürlich konnte ich nicht antworten. Ich wusste noch nicht, was Fremdheit war, obgleich ich schon in ihr lebte. Heute bin ich froh, dass ich als Kind nicht reden konnte. Meine Mutter wäre fassungslos gewesen, wenn ihr kleiner Sohn über Fremdheit gesprochen hätte. Leider hat Frankfurt auch keine Schubladen, dafür aber ein paar sehr lange Straßen, die großen Schubladen ähneln. Zum Beispiel die Berger Straße und die Leipziger Straße, die langsam aus der Stadt hinausführen bis in die immer noch bäuerlichen Randgebiete hinein, wo die Stadt buchstäblich auf dem Acker endet. Die Transformation der Stadt in ein paar Spargelfelder ist ein bedeutsames Erlebnis, das ich von Zeit zu Zeit wiederhole. Irgendwann hatte ich dabei den Einfall, dass die Provinzfrage eine Scheindebatte ist, bei der es nicht um die Klärung von äußerer Realität geht. Die Empfindung, ein Provinzler zu sein, ist nichts weiter als eine Metapher für einen namenlosen inneren Mangel, für den es keinen äußerlichen Ort gibt. Es ist deswegen sinnlos und töricht, nach einem Repräsentanten zu suchen, den es »wirklich« gibt. Es ist ebenso sinnlos, immerzu nach innen zu schauen, um den Ort eines privaten, persönlichen Mangels doch noch zu entdecken. Er ist zwar da, aber er lässt sich nicht blicken.

Von meinem Arbeitszimmer aus blicke ich fast täglich auf die Fenster eines Bürohauses. Morgens gegen halb acht flammen die Neonröhren an den Zimmerdecken und danach die Bürolampen über den Schreibtischen auf. Die Herren nehmen Platz, die Damen schauen zuerst nach dem Wohlergehen der Zimmerpflanzen. Einige Fenster werden fünf Minuten lang aufgeklappt, jetzt ist das Frischluftproblem auch erledigt. Danach geschieht nichts mehr; es wird gearbeitet: am Computer und am Rechenautomaten. Dann und wann geht ein Mann auf einen der kleinen Balkone und raucht zügig eine Zigarette. Die Angestellten bleiben bis 16.30 Uhr auf ihren Plätzen. Danach – als gäbe es eine Bürosirene – suchen sie ihre Taschen, Regenschirme und Hüte, und erst dabei zeigen sie, wie unaufregend sie sind. Die meisten Frauen sind zu dick, die Männer ebenfalls. Die Frauen tragen türkisfarbene Pullis und schlichte Röcke, die Männer ärmellose Westen und unscheinbare Hosen. Man kann sagen: Das Personal passt zu seinen Schreibtischen. Jetzt decken sie ihre Arbeitsgeräte mit Plastikhüllen ab, knipsen das Licht aus und verschwinden. Eine halbe Stunde lang bleibt alles dunkel. Dann füllen sich die Büros wieder mit gleißend hellem Licht. Drei Putzfrauen erscheinen. Ich scheue mich, sie Putzfrauen zu nennen. Sie sind jung, blond und schwarzhaarig, sie haben eine gute Figur und sind attraktiver gekleidet als das Personal. Dennoch tragen sie kleine Plastikeimer in die Räume und fangen an, mit gelben Lappen über Schreibtische und Fensterbretter zu wischen. Die Frauen sehen aus wie Filmstars der sechziger Jahre, die leider keine Engagements mehr finden. Sie wirken – eine von ihnen hat ein etwa vierjähriges Kind mitgebracht – deswegen so erstaunlich, weil sie meinem überkommenen Bild von Putzfrauen total widersprechen. Vor ungefähr 35 Jahren, als ich zuletzt in Büros gearbeitet habe, waren Putzfrauen alte und hässliche Frauen ohne Berufsausbildung. Ich nehme an, die drei Putzmodels, die ich von meinem Fenster aus betrachte, gehen hier ihrem Zweitjob nach. Sie arbeiten tagsüber in anderen, »wirklichen« Berufen, aber ihr Problem ist: In ihren Erstjobs verdienen sie nicht genug. Ihre Aufmachung verrät, dass sie ein konsumorientiertes Leben führen, das mit *einer* gewöhnlichen Arbeitsstelle nicht zu finanzieren ist. Eine der Frauen holt einen Taschenspiegel hervor und malt sich die Lippen nach. Eine andere schaut fünfzehn Sekunden lang in den leeren Hof hinunter. Es entsteht eines der Bilder von Edward Hopper, von denen man nicht weiß, warum sie melancholisch sind. Nach weiteren zwei Minuten öffnen sich die Zimmertüren, und drei junge Männer treten ein. Auch sie sind schlank und schick angezogen und offenbar guter Laune. Die Männer berühren kurz (ihre) Frauen, einer küsst das Kind. Danach ziehen die Frauen (das Kind nehmen sie mit) in die nächsten beiden Büroräume und machen dort weiter. Die Putzmänner reinigen die Böden, leeren die Papierkörbe und die Aschenbecher. Es wird zwischen den Frauen und Männern eine Art Arbeitsteilung sichtbar. Die Frauen entstauben die Räume, die Männer sind für das Grobe zuständig.

Immer mehr Menschen brauchen einen Nebenjob, um ihren Lebensstandard zu halten. Betroffen sind vor allem qualifizierte Arbeitnehmer, teilt das Statistische Landesamt in Wiesbaden mit. Den Erhebungen des Amtes zufolge stieg die Zahl der Erwerbstätigen mit Zweitjob seit 2005 um zirka ein Viertel. Damals hatten 100 000 Berufstätige (3,6 Prozent) einen Nebenjob, fünf Jahre später, 2010, waren es schon 126 000 (4,3 Prozent). Mit einem Anteil von 36 Prozent hatte mehr als jeder dritte Feierabend-Jobber eine hochqualifizierte Ausbildung.

Ich nehme an, die Hauptwache in ihrem heutigen Zustand wird von den meisten Stadtbewohnern, auch von ihren Planern, als Problemzone empfunden, obwohl sie niemand so nennt. Damals, in den siebziger Jahren, als sie entstand, wurde sie als Erleichterung aufgenommen, die sie – allerdings nur noch in *einer* Hinsicht – auch heute noch ist. Die Hauptwache kanalisiert Fußgängerströme, die gleichzeitig aus verschiedenen Richtungen in den Stadtkern vordringen; sie entknäult die Ströme und gibt den Stadtgängern die angenehme Gewissheit, dass jeder einzelne unbehindert und fast ohne innere Beklemmungen dorthin gelangen kann, wo er hinwill. Gelungen ist diese Reibungslosigkeit durch die Erfindung der sogenannten B-Ebene. Sie ist ein unter die Erde verlagerter zweiter Raum, der die Fußgängerbewegungen auf der ersten Ebene auflockert und der gleichzeitig größer ist als diese. Es gibt zahlreiche Rolltreppen, die allesamt zur B-Ebene hinabführen und diese insgesamt vernetzen. Attraktiv war die B-Ebene, weil dort – sozusagen über Nacht – zahllose neue Geschäfte ihre Glastüren öffneten und besonders auf Jugendliche einen starken Sog ausübten. Es gab hier plötzlich alles, was Zwanzigjährige brauchen: Jeans, T-Shirts, Gürtel, Taschen, Schallplatten, Taschenbücher, Sommerschuhe, Pizzabäckereien, Eis-Salons, Bistros. Und etliche Bank-Filialen, wo das Geld abgehoben werden konnte, das für schnelle Anschaffungen nötig ist. Wer die konsumistischen Begierden gestillt hatte, ließ sich noch ein Stück weitertreiben ins Zentrum, weil dort junge Rockmusiker die Hits nachsangen, die alle kannten: das Neueste von den Rolling Stones, den Beatles, den Platters, von Leonhard Cohen und von wem auch immer. Heute erscheint an jedem Spätnachmittag eine Laienspielgruppe und drückt singend und Gitarre spielend ihr christliches Bedauern darüber aus, dass alles so ist, wie es ist. Manchmal bleibt jemand stehen und hört eine Weile zu, meistens nicht. Denn heute geht nur noch durch die B-Ebene, wer unbedingt muss, und das meint: wer schnell die S- oder die U-Bahn erreichen will. Was sollte man sich auch sonst anschauen oder anhören? Die meisten Geschäfte stehen inzwischen leer, die Innenseiten der Schaufenster sind mit Papier ausgeschlagen. Es ist nicht so, dass es das Problem der Öde nur in Frankfurt gibt. Auch anderswo sind aus den Fußgängerunterführungen schaurige Betonkanäle geworden, die den Hässlichkeitspreis kriegen würden, wenn es so etwas gäbe. Einen Ausweg aus dem Dilemma kann es nur geben, wenn die politischen Parteien im Magistrat den Notstand erkennen. Es wird nicht genügen, einfach noch mehr Untertunnelungen anzulegen. Wer die einfallslosen Fußgänger anklagt, liegt ganz schief. Nein, die Stadt braucht eine *unverbrauchte* stadtplanerische Idee, die etwas von dem zurückholt, was schon lange entschlafen ist: eine *neue* Aufreizung der alten Wege.

Nach der Lesung, wenn Teile des Publikums, die Veranstalter und der Autor bei einem Glas Wein beisammenstehen und plaudern, pirscht ein nicht mehr junger Mann seitlich an den Autor heran. Er hat auf diesen Moment gewartet, und jetzt spricht er hastig und verlegen sein Anliegen aus. Während er spricht, holt er aus seiner Kollegmappe ein Manuskript heraus, das er dem Autor übergeben möchte. Der Mann ist, obwohl es von ihm noch kein Buch gibt, selbst schon ein erfahrener Autor. Von dieser Erfahrung spricht er jetzt. Er weiß, dass die Lektorate der Verlage »hoffnungslos verstopft« sind und dass es für ihn keinen Sinn hat, weitere Manuskripte zu verschicken. Die Verlage antworten nicht, ja, sie senden nicht einmal die ihnen überlassenen Manuskripte zurück. Ein Skandal, finden Sie nicht auch?! Er, der ungedruckte Autor, muss sein Manuskript als verschollen aufgeben, die Lage ist niederschmetternd. Nein, nicht ganz. Denn eben hat er ja mich kennengelernt, einen Autor des von ihm so geschätzten Verlags. Ich spüre, wie mir der ungedruckte Autor sein Manuskript unter den linken Arm schiebt und sich bedankt. In früheren Jahren habe ich mir solche Manuskripte tatsächlich aufdrängen lassen. Ich habe die Manuskripte drei Wochen zurückbehalten und habe sie dann zurückgeschickt. Das war ein Fehler. Ich hatte dem Autor das Gefühl gegeben, sein Werk sei von irgendwem »geprüft« worden. Nicht selten bringt der Postbote – weiß der Himmel, woher die Absender meine Adresse haben – ein neues Päckchen und bittet wieder um »Prüfung«. Im Bewusstsein vieler Ungedruckter hat sich die Fiktion festgesetzt, ein publizierender Autor sei eine Art Außenstelle seines Verlags und mit bedeutsamen Vollmachten ausgestattet. In der Regel schicke ich Manuskripte sofort und ungelesen zurück; beigelegt ist ein kurzer Formbrief, in dem zu lesen steht, dass sich kein Autor um die möglicherweise misslingende oder sonstwie enttäuschende Erstbegegnung mit einem Verlag herumdrücken könne und dass ich keine weiteren Manuskripte erhalten möchte. In hartnäckigen Fällen verweigere ich die Annahme der Sendung. Es ist allerdings schon passiert, dass ein Autor eines zurückgeschickten Romans bei einer Lesung wieder auftaucht und sich beschwert. Ich mache darauf aufmerksam, dass es viele Möglichkeiten gibt, seine narzisstischen Bedürfnisse zu befriedigen. Niemand muss Schriftsteller werden.

Am Stadtrand, wo Frankfurt seine Hektik verliert und leer und gemütlich wird, gibt es auch kleine Geschäfte und die dazu passende Kundschaft. Wenn meine Arbeit über die Maßen problematisch wird und ich nicht recht weiterkomme, gehe ich dort spazieren und sammle Anblicke eines geruhsameren Lebens, von dem ich hoffe, dass es sich auf mein Schreiben auswirken wird. Zum Beispiel die Verkäuferinnen in fast noch ländlichen Bäckereien. Sie sind noch sehr jung und das tägliche Arbeiten noch nicht gewöhnt. Vermutlich können sie sich nicht recht erklären, warum sie plötzlich nicht mehr in der Schule sind und stattdessen tagtäglich Brot, Brötchen und Kuchen verkaufen. Eines der Mädchen hat in einem Brotregal einen altertümlichen Kassettenrecorder (gibt es das Wort noch?) versteckt. Wenn der Laden leer ist, drückt das Mädchen die Play-Taste, setzt sich auf den Stuhl neben der Kommode und hört die Platters. Erst vor einer Woche habe ich ihr gesagt, dass sie den Kassettenrecorder wegen mir nicht abstellen muss. Wenn ich mich nicht täusche, hat sie sich gefreut. Dennoch hat sie gewartet, bis ich den Laden wieder verlassen hatte, ehe sie den Recorder wieder einschaltete. Wahrscheinlich hat sie mir doch nicht ganz vertraut. Nicht weit von der Bäckerei gibt es einen ebenso kleinen Friseur-Salon, in dessen Schaufenster fast täglich eine Katze liegt. Das Schaufenster ist schmal, die Katze liegt der Länge nach hingestreckt zwischen Spraydosen, Reklameschildchen und Parfümfläschchen. Mit den Hinterpfoten berührt die Katze die Wand links, mit den Vorderpfoten die Wand rechts. Am schönsten ist, wenn sich ihr Fell durch regelmäßiges Atmen leicht öffnet und wieder schließt. Ich wundere mich, dass nicht mehr Leute vor dem Schaufenster stehen bleiben. Nein, eigentlich ist es mir recht, dass nur ich es tue. Ich habe festgestellt, dass ich leider ein wenig eifersüchtig werde, wenn ich einen schönen Anblick mit anderen Menschen teilen soll. In diesem Fall habe ich Glück. Die meisten Leute, die zu dieser Stunde vorübergehen, haben entweder keine Zeit, oder sie finden eine Katze im Schaufenster nicht bemerkenswert.

Wiedererkannt habe ich sie an einer Angewohnheit, die sie schon mit neunzehn hatte: Sie zupfte sich leidenschaftlich mit Daumen und Zeigefinger an ihren Ohrläppchen. Sogar im Konzertsaal oder im Theater, fein zurechtgemacht, konnte sie von ihrer Unart nicht lassen. Sie saß ruhig auf ihrem Stuhl, lauschte konzentriert, und zupfte sich. Die Leute ringsum schauten ihr schon zu, es machte ihr nichts aus. Ich liebte sie mit der ausweglosen Unwissenheit eines Zwanzigjährigen. Mehrmals hatte ich ihr schon gesagt, dass sie bald die langgezogenen Ohren einer Oma haben werde. Es nützte nichts. Jetzt ist sie tatsächlich Oma geworden. Ihr Haar, das einmal blond und geschmeidig war, ist jetzt weiß und strohig. Sie bindet es immer noch, wie damals, zu einem Pferdeschwanz. Sie trägt einen prall gefüllten Rucksack und schiebt ein Fahrrad über den Markt. Ihre Ohrläppchen sind ungewöhnlich lang. Ich habe mich insofern geirrt, als dass niemand Anstoß nimmt an ihren langen Ohrläppchen, nicht einmal ich. Weil sie durch das Zupfen länger als gewöhnlich sind, haben sie auch Falten geworfen. Das ist die einzige Überraschung: dass auch Ohrläppchen Falten werfen. Einerseits will ich mit ihr sprechen, andererseits weiß ich, dass es vielen Menschen peinlich ist, von Mitwissern ihrer Jugend angesprochen zu werden. Es ist nicht so, dass nicht auch ich mich erheblich verändert hätte, vermutlich noch stärker als sie. Ich bin nicht mehr schlank (auch sie ist füllig), ich bin von starkem Haarausfall gezeichnet (sie nicht), ich gehe vornübergebeugt (sie nicht), ich trage eine Brille (sie nicht). Nein, mit dem Jüngling von damals habe ich nichts mehr zu tun. Ich komme meiner Liebesoma ziemlich nahe. Sie hat nicht die geringste Ahnung, dass sie von einem Schwärmer ihrer Jugend betrachtet wird. Mit einiger Mühe nehme ich es hin, dass sie mich nicht erkennt, obwohl ich darüber gleichzeitig froh bin. Nein, es überwiegt das Bedürfnis, wiedererkannt zu werden. Aber sie interessiert sich nur für Radieschen, Orangen, Kohlrabi und Mohrrüben. Wahrscheinlich versorgt sie den Haushalt eines Sohnes oder einer Schwiegertochter und muss um die Mittagszeit ein paar Kinder bekochen; wahrscheinlich würde sie davon sofort erzählen.

Der Pendler hat inzwischen eine Geliebte. Seine Ehefrau weiß nichts von ihrer Konkurrentin, aber sie rechnet sich aus, dass er in ein zweites Verhältnis eingetreten sein muss. Die Geliebte hingegen weiß über die Ehegeschichte sehr gut Bescheid. Das liegt zum Teil an ihrer Neugierde, zum anderen Teil an seiner Art, sich als Opfer seiner Verhältnisse darzustellen, wovon weder die Ehefrau noch die Geliebte etwas wissen will. Beide stellen sich den Mann nach wie vor als Souverän seiner Existenz vor, was ihn bei beiden ärgert. Sie haben eben keine Ahnung, was es bedeutet, als Nobody in einer großen Angestelltengesellschaft zurechtzukommen. Der wichtigste Punkt ist die Auflösung der früheren Identität von Wohnort und Arbeitsort. Mit dieser Auflösung begann auch die Auflösung seiner Ehe. Formal funktioniert sie weiter wie früher, aber faktisch schleichen sich mehr und mehr Augenblicke der Vernachlässigung, der Gleichgültigkeit, der Abwendung voneinander ein. Dabei leiden sie beide nicht an Schuldgefühlen über die allmähliche Entzweiung. Beide sind überzeugt, in einer Art Notwehr fixiert zu sein. Besonders er ist von seiner Opferrolle überzeugt. Schließlich ist er nur deshalb in Frankfurt gelandet, weil er unter allen Umständen viel Geld verdienen musste, und zwar im stets fühlbaren Auftrag seiner Frau. Und es leuchtet ihm nicht ein, dass er in der Rolle des Geldverdieners mit sexueller Entsagung zahlen soll. Wenn er sich schon krummlegt, dann bitte so entspannt und genussreich wie möglich. Wenn das nur so einfach wäre! Denn tatsächlich setzt ihn auch seine Frankfurter Geliebte unter Druck. Sie ist ebenfalls vor einer Ehe geflohen oder von einer Ehe übrig geblieben; aber immerhin hat sie es geschafft, dass demnächst vor einem Familiengericht die Scheidung ausgesprochen wird. Genau das verlangt sie auch von ihrem Geliebten. Je länger er zögert, desto mehr wächst ihr Misstrauen.

Im Kern sind beide Kleinbürger, die nicht recht wissen, wie sie sich in Sicherheit bringen sollen. Sicherheit wäre: dass ihnen keine weiteren biografischen Unglücke mehr zustoßen. Er zweifelt, ob er die Kraft hat, die Auswechslung der ersten gegen die zweite Frau auszuhalten. Im Stillen hängt er der Idee nach, dass das Verhältnis zur Ehefrau wieder in Ordnung kommen könnte. Die gegenwärtige Zerrüttung hat niemand vorhersehen können. Die Hauptschuld trägt seiner Meinung nach der rabiate Konsumdrang seiner Frau. Als sie sich kennenlernten, lebten sie in einer mittelgroßen Zwei-Zimmer-Wohnung in den zurückgelassenen Möbeln der Vormieter. Er war mit dieser Grundausrüstung zufrieden, sie nicht. Sie drängte nach einer großen, neuen Wohnung mit neuen Möbeln, neuen Gardinen, neuen Teppichböden, neuer Wäsche, neuen Haushaltsgeräten, neuem Herd, neuem Kühlschrank. Er nahm einen Kredit auf und erfüllte die Wünsche seiner Frau. Es verbittert ihn erheblich, dass von seiner Ehe nicht viel mehr übrig geblieben ist als die lähmend langsame Rückzahlung des Kredits. Er ahnt, dass seine Geliebte nur aus Rücksicht auf seinen Eheverdruss das Thema Heirat nicht anschlägt. Aber allzu lange wird diese

Einfühlung nicht vorhalten. Es ist verrückt: Es wird der Tag kommen, an dem seine Geliebte geheiratet werden möchte – mit allem, was das bedeutet. Die zweite Ehefrau wird in den Möbeln der ersten Ehefrau nicht leben wollen. Ein zweiter Kredit wird nötig werden. Er hat sich vorgenommen, dann Reißaus zu nehmen, egal wohin. Auf keinen Fall will er gleichzeitig zwei Banken verpflichtet sein. Oder er wird sagen, dass diesmal die neue Frau den Kredit aufnimmt. Aber er weiß auch, dass er nicht die Stirn haben wird, eine solche Bedingung zu stellen. Sein innerer Zwang verlangt von ihm, dass er einer Frau nichts schuldig bleiben möchte. Die Frau bringt ihre Schönheit ein, ihre Jugend, ihren Körper, ihr Entzücken – und er zahlt. Es ist schrecklich: wie in einem verstaubten Fontane-Roman. Er mag kaum glauben, dass sich seither nichts verändert haben soll, aber wenn es eng wird, dann wird er verstummen und sich fügen.

Schon seit längerer Zeit bin ich bereit, mich an mein Verschwinden als Autor und Person zu gewöhnen. Da ich zuerst als Autor meinen Platz räume, werde ich mich zunächst vom Literaturbetrieb abwenden, dann von den übrigen Verhältnissen. Der literarische Rückzug ist nicht ganz freiwillig und geht ungefähr so vor sich: Immer mehr Veranstalter (Buchhandlungen, Universitäten, Festivals etc.) werden abwinken, wenn sie meinen Namen hören. Diesen Autor hatten wir schon öfter, jetzt reicht es. Ein neues Buch wird von mir erscheinen, aber kaum jemand wird sich dafür interessieren. Diesen Leerlauf wird auch mein Verlag bemerken, sogar besonders deutlich. Seit einiger Zeit, sagen wir: seit vier, fünf Jahren, gehen die Umsatzzahlen zurück. Jeder Autor weiß, dass der Verlag seine Bücher verkaufen *muss*. Wenn der Absatz nicht mehr funktioniert, erhebt sich wie von selbst die Koalitionsfrage. Ich muss also darauf gefasst sein, dass mein Verlag beim nächsten oder übernächsten Manuskript abwinken wird. Danach habe ich zwei Möglichkeiten. 1. Ich kann mir einen kleineren Verlag suchen, der mit meinem alten Ansehen noch einmal punkten will und deswegen auch mein neues Buch druckt, freilich ohne Vorschuss und in einer sehr niedrigen Auflage, sozusagen in der gewinnfreien Zone. 2. Ich kann die Kröte schlucken und mir sagen: Das *war* meine Laufbahn als Schriftsteller; und künftig von meiner Rente leben, sofern vorhanden. Kommt also eine Art Alterseinsamkeit auf mich zu? Beziehungsweise: Ist sie schon da – und ich habe sie bis jetzt absichtlich nicht bemerkt? Ich las erneut einen berühmten Essay von Gottfried Benn: »Altern als Problem für Künstler«, den ich in meiner Jugend – in meiner Jugend! – mehrfach gelesen habe. Jetzt ließ mich der Essay sonderbar ratlos zurück. Benn interessiert sich für die Zusammenhänge zwischen Alter, Entwicklung und Krankheit; meine Frage kommt bei ihm überhaupt nicht vor. Da traf ich meinen Kollegen M., der ein paar Jahre älter ist als ich und immer noch als freier Schriftsteller lebt. M. machte mich auf einen eigenartigen Sachverhalt aufmerksam, der mir bisher nicht aufgefallen war. Er sagte: Die meisten Bücher sind absehbar erfolglos – und werden dennoch gedruckt. Ich wollte es nicht glauben. Wir sprachen über die aktuellen Bücher von zwei oder drei großen Verlagen, von denen M. zuverlässig wusste, dass sie Zuschussprojekte sind. Auch die Verlage hatten von Anfang an gewusst, dass es sich um Verlustprojekte handelte, behauptete M. Ich behauptete, ich wüsste genau, dass die einzelnen Titel durchkalkuliert seien und dass sie nicht erscheinen würden, wenn sie sich nicht rechneten. M. erwiderte, die Bücher seien tatsächlich durchkalkuliert, aber sie erscheinen auch dann, wenn sie sich nicht rechneten. Kein Verlag, sagte er, druckt nur erfolgreiche Bücher. Er druckt ein paar gutgehende Titel, die die anderen, die sich nur schleppend verkaufen, »mitziehen«. Die erfolglosen, oft nur guten Bücher bringen dem Verlag etwas Unbezahlbares, nämlich einen guten Ruf, ein sogenanntes Renommee. Erkundige dich bei deinem Verlag, sagte M. Das trau ich mich nicht, antwortete ich. Aber wieso denn? Wirtschaftsfragen sind Unterleibsfragen, sagte ich. M. lachte.

Ich achte darauf, öffentliche Großstadttoiletten nicht benutzen zu müssen. Aber niemand hat, trotz aller Selbstbeobachtung und Selbstbeherrschung, seine Verdauung völlig im Griff. Irgendwann, in der Nacht auf dem Heimweg zum Beispiel, nötigt uns der Körper, eine dieser Horrortoiletten frequentieren zu müssen. Obwohl wir wissen, was uns erwartet, werden wir, sind wir erst an Ort und Stelle, von einem doch wieder neuen Schrecken heimgesucht. Ist es der Schmutz, die Verkommenheit, der Geruch, das Elend der Körperflecken, das eingetrocknete Blut oder die plötzliche Verlassenheit, die aus den Einzelheiten hervorgeht? Oder gibt es eine Erfahrungsmitte, einen Zentralschrecken, der uns momentweise zu einem psychischen Krüppel macht? Die Zelle besteht aus einem länglichen, schmalen Gang und ist – in den meisten Fällen – mit einmal weiß gewesenen Kacheln ausgeschlagen. Die Kacheln sind vermutlich eine Art Notwehr gegen die Verschandler gewesen, die hier ihre große halbe Stunde erleben – oder erleben würden, wenn die Wände normale Wände wären und beschriftet beziehungsweise bemalt werden könnten. So aber ist die Toilette (wie eine Gefängniszelle) rundum mit abwehrbereiten Platten ausgestattet, die jeden Filzstiftangriff überleben. Mit einer Ausnahme: die Tür. Sie ist nicht verkachelt, sie ist aus Holz oder Presspappe, sie kann bemalt und beschmiert werden. Wer hier seine Notdurft verrichtet, muss lesen, was dem deutschen Schlichtmann in einer Toilette so einfällt. Dabei ist es immer dasselbe: weit offene weibliche Geschlechter, die gerade von einem großen männlichen Organ penetriert werden. Nein, noch peinlicher sind die Bekanntschaftsanzeigen, die neben den Zeichnungen untergebracht sind. Bildhübscher Schwuler hält jederzeit seinen Arsch hin (Telefon…). Sabine, 13, lässt sich in den Mund ficken. (Telefon …). Plötzlich ertönt eine Art Glücksmusik aus einem winzigen Lautsprecher. Sie erinnert mich an die schmusigen Töne von Billy Vaughn oder James Last aus den sechziger Jahren. Offenbar ist die Musik als Versöhnungsangebot gemeint. Das Erhabene in der Moderne entsteht durch den ungeplanten Zusammenprall von Elend und Kitsch. Natürlich ist dieses Erhabene nicht wirklich erhaben. Es ist die Erhabenheit des Bedrängtseins und der Überforderung. Hat das schon mal jemand untersucht? Ich würde den Ort gerne länger studieren, aber ich halte ihn nicht länger aus, ich muss fliehen, sofort.

So gegen 18.00 Uhr, wenn der Druck des Tages langsam nachlässt, kann man dabei zuschauen, wie die Leute ein bisschen merkwürdig werden, weil auch ihnen der Tag zu lang wird. Ältere Ehepaare sinken merkwürdig gemeinsam auf die Bänke nieder. Ein Mann legt sich auf die Holzverkleidung einer Mauer und holt sein Cognacfläschchen aus der Hosentasche. Ein anderer Mann nähert sich einem Weinausschank. Man macht hier Werbung für badischen Wein. Eine junge Frau in badischer Tracht öffnet eine Flasche und nickt dem Mann freundlich zu. Er wendet sich der Frau zu, die ihm prompt ein Gläschen einschenkt. Der Mann macht ein paar Schritte und trinkt das Gläschen rasch leer. Die Frau erkennt die Hemmung des Mannes und winkt ihm ein bisschen mit der Flasche. Mit dem zweiten Glas lässt er sich auf einer Bank nieder. Er fängt an, die Taschen seiner Hose, seines Sakkos und außerdem seine Brieftasche nach überflüssigen Zetteln, Quittungen, Coupons und Gutscheinen abzusuchen. Die Papiere zerreißt er nicht, sondern schiebt sie mit dem Zeigefinger in die Zwischenräume zwischen den Holzplanken der Bank. Vermutlich würde er gern ein drittes Glas trinken, aber jetzt ist seine Hemmung wieder stärker. Die nette Frau nimmt den Blickkontakt diesmal nicht mit ihm auf. Der Mann hebt sein leeres Glas noch einmal an die Lippen, aber es ist wirklich leer. Er steht auf und geht doch noch mal zum Ausschank. Jetzt ist zu sehen, dass der Mann ein bisschen wankt. Es ist völlig in Ordnung, dass ihm die Frau nicht noch einmal nachschenkt. Eine Spur beleidigt zieht der Mann von dannen. Ich gehe zum Ausschank und lasse mir ebenfalls ein Gläschen einschenken. Als der Mann verschwunden ist, nehme ich dort Platz, wo er gesessen war. Ich drehe mich ein wenig so, dass die Frau im Ausschank nicht sehen kann, dass ich mit den Fingern nach den Zetteln, Quittungen, Coupons hakle, die der Mann in die Ritzen der Bank eingeschoben hat. Es sind verfallene Kinokarten, Kassenbelege, Einkaufsquittungen. Auf der Rückseite eines Parkhaus-Scheins stehen vier handgeschriebene Sätze: Lange geht das nicht mehr. Du machst mich fertig. Ich gehe zu meiner Mutter und hole Geld. Um sieben bin ich zurück und koche Nudeln. Ich lasse den Parkhaus-Schein in meiner Anzugtasche verschwinden. Es wird Abend. Ich habe nicht die geringste Ahnung, warum mich der letzte Satz rührt: Um sieben bin ich zurück und koche Nudeln.

Auch ich gehe gern in den Supermarkt. Wenn mein Text nicht richtig vorwärts will, ziehe ich eine Jacke an, klemme mir eine Tasche unter den Arm und mache mich auf den Weg. Der Supermarkt ist die kleinste mögliche Erlebniseinheit in der Stadt. Dabei sind die hier angebotenen Erlebnisse nicht jedermanns Sache und nicht leicht zu beschreiben. Jeder Supermarkt von einiger Größe ist eine Art Fluchtraum. Ein Fluchtraum für Menschen, denen die Welt des heimischen Wohnzimmers, der Küche oder des Büros gerade zu nahe tritt. Man sieht den Flüchtenden diese Übernähe an. Sie laufen in der überhellen Atmosphäre zwischen den Regalen umher, sie wissen nicht recht, warum sie hier sind und was um Gottes Willen sie kaufen sollen. Ich kaufe mir wenigstens ein paar Tomaten, zwei Flaschen Mineralwasser und ein bisschen Obst. Der Supermarkt ist auch ein großer Mitleidsraum. Das Mitleid trifft nicht nur zwei oder drei sichtbar überlastete Verkäuferinnen, sondern auch zwei oder drei Handymänner, die hier ihre Freundin anrufen. An ihrem Ehering kann man sehen, womit sie nicht mehr klarkommen. Die Männer sprechen leise, sie wollen auch hier nicht auffallen. Das Handy klemmen sie sich eng zwischen Hals und Wange. Man sieht: Das Handy ist momentan der einzige mögliche Stellvertreter des begehrten Objekts. Das Kalkül der Männer ist stimmig: Sie fallen nicht auf, sie werden von niemandem gestört und von niemandem observiert. Es sind auch junge Ehefrauen mit Kindern unterwegs. Die Anspannung ihres gegenwärtigen Lebens ist ihnen ebenfalls anzusehen. Sie sind überaufmerksam, weil sie zu vieles auf einmal im Blick haben müssen. Besonders ihren etwa fünfjährigen Sohn, der sein Laufrädchen mitgebracht hat. Mit diesem saust er durch die engen Gänge – und kann natürlich nicht bemerken, dass er seine Mutter wieder nervt. Denn die Mutter fährt außerdem ihr höchstens eineinhalbjähriges Baby im Kinderwagen umher. Es greift schon nach Senfgläsern und Joghurtbechern und Schokoladenkügelchen. Für die Kinder ist der Supermarkt nichts weiter als ein besonders anregender Abenteuerspielplatz. Deswegen verstehen die Kinder nicht, dass sie von ihren Müttern laufend diszipliniert werden. Einige von ihnen werden grantig, schlagen nach ihren Müttern oder fangen an zu heulen. Die Mütter haben es geahnt, aber schließlich müssen sie einkaufen. Es gibt auch Tage, an denen die Kinder müde und schlapp und schläfrig herumwanken wie butterweiche Frührentner. Nein, ein solcher Tag ist heute nicht.

Es gibt nicht nur die spießige Wohnung, das spießige Auto und die spießige Hollywood-Schaukel, es gibt auch den spießigen Lebenstraum. Mir begegnen spießige Menschen in großer Zahl. Sie sehen in mir einen Glückspilz, den man nur beneiden kann. Sie haben keines meiner Bücher gelesen, Gott bewahre, soweit lassen sie es nicht kommen. Aber sie lesen Zeitung und sehen mich dann und wann im Fernsehen, und wer im Fernsehen auftritt, gehört zum Kreis der Edlen und Geweihten. Es irritiert sie nicht, dass ich ohne Bedauern antworte: Ich habe keinen Fernseher. Was?! rufen sie aus. Dann können Sie sich ja nicht einmal im Fernsehen sehen. Ich schweige, was meine Gesprächspartner wieder nicht irritiert. Vielleicht sind sie erschütterungsresistent, wenn es so etwas gibt. Aber dann haben sie einen Einfall, der sie weiterbringt: Aber Sie sind ja die meiste Zeit nicht da! Sie leben in Ihrem Häuschen auf den Malediven oder sitzen am Ufer des Gardasees. Jetzt lachen sie, weil sie vorschnell annehmen, sie hätten ins Schwarze getroffen. Dann kommt die Enttäuschung. Ich habe kein Häuschen auf den Malediven, sage ich ruhig, ich sitze auch nicht am Ufer des Gardasees. Jetzt haben sie genug von mir. Sie wollen es bloß nicht zugeben, ruft einer ein wenig höhnisch aus, sie reden nicht gern mit solchen armen Eulen, wie wir es sind.

Das Wort von den armen Eulen gefällt mir, sonst nichts.

Ich sehe ein, dass ich meine Position (wenn es sich um eine Position handelt) nicht deutlich machen kann. Ich denke flüchtig an diverse Kollegen, die tatsächlich an den Stränden irgendwelcher Inseln leben, deren Namen ich mir nicht merken kann. Mir fallen dann immer Caterina Valente, Freddy Quinn und Willy Hagara ein, die in den fünfziger Jahren vom Glück unter Kokospalmen gesungen haben. Schon damals hatte ich das durchdringende Gefühl, dass sie mit ihrem Strandkitsch die deutschen Nachkriegsseelen unheilbar infiziert haben. Nur in diesem Lebenskitsch kann man die eigene Nichtigkeit ertragen und an schönen Fernsehabenden sogar großartig finden. Wahrscheinlich reicht die Sehnsucht nach Ferne sogar noch tiefer. Nur in der Befangenheit des Kitschs kann man wenigstens zwischendurch den Gedanken an seinen Tod ertragen und dessen langsames Näherkommen gefasst »annehmen«. Insofern hat der Kitsch einen unverrückbaren Halt im Leben, den sogar ich gut finden muss.

An manchen Nachmittagen, besonders im Frühjahr und Sommer, verwandeln sich Teile der Innenstadt in eine Art Szenario der Verwahrlosung. Auf vielen Bänken haben sich Obdachlose ausgestreckt; sogar in kleinen Grünanlagen campieren Alkoholiker, Drogenabhängige und Dauerarbeitslose. Oft sitzen sie in Gruppen beieinander und bereden ihre Schicksale. Warum scheitern so viele Menschen – und zwar grundsätzlich, fundamental und unaufhebbar? Man muss diese Menschen nicht lange betrachten, um zu begreifen, dass ihnen nicht zu helfen ist. Im Jargon der Fürsorge werden solche Personen »Ausgesteuerte« genannt. Sie haben die Verbindung zu den Sozialämtern verloren, sie erhalten keine Unterstützung mehr, Bargeld schon gar nicht. Sie haben ein schreckliches Vergehen begangen: Sie sind aufgrund eigener Schuld in der Verkommenheit gelandet. Ihr Drang zu Betäubungsmitteln hat dazu geführt, dass man ihnen nicht mehr zutraut, für sich selber sorgen zu können. Was sie besitzen, haben sie bei sich: einen Schlafsack, eine Plastikmatte, einen gebrauchten Mantel. In früheren Jahren haben mich öffentlich Gescheiterte stark eingeschüchtert. Ich hielt es für möglich, dass ich früher oder später zu diesen Ausgeschlossenen gehören würde. Ich litt an einem selbsterfundenen Jugendstarrsinn, der mir gefährlich erschien, obwohl ich gleichzeitig auf ihn stolz war. Zu diesem Jugendstarrsinn gehörte, dass ich schon mit vierzehn Jahren wusste, dass ich Schriftsteller werden wollte und sonst nichts. Tatsächlich schrieb ich bald darauf einen Roman, der sogar gedruckt wurde, als ich 22 Jahre alt war. Danach trat die Ernüchterung ein. Ich hatte mir Schreiben als Beruf zu einfach vorgestellt. Ich hatte angenommen, wenn das erste Buch einmal da ist, würde das zweite und dritte fast von selbst folgen. Ich hatte nichts gewusst von der Bodenlosigkeit jedes nächsten Buches. Tatsächlich mussten zwölf (zwölf!) Jahre vergehen, bis ich genügend Mut und Kraft und Dreistigkeit für ein neues Buch hatte. Vermutlich deswegen fühle ich mich den Abstürzlern aller Art bis heute nah, beinahe verwandt. Ich fürchte sowieso, unser Wirtschaftssystem hat einen Grad von Geschlossenheit erreicht, der die einmal Ausgeschlossenen nicht mehr »zurück« lässt. Wer Arbeit hat, verkehrt in den geschlossenen Zirkeln derer, die ebenfalls Arbeit haben. Wie sehr die heutige Gesellschaft in geschlossene Segmente auseinandergefallen ist, kann man erleben, wenn man einen Abend in der Oper oder im Schauspielhaus verbringt. Wer in der Pause – ein Glas Prosecco für fünf Euro in der Hand – ein wenig im weiträumigen Foyer umherwandelt, kann ganz nah und doch im Dunkeln die herumhuschenden Schatten derer sehen, die in der Grünanlage unmittelbar vor dem Theater die Nacht verbringen. Hier sah ich vor mehr als 30 Jahren das fesselnde »Nachtasyl« von Maxim Gorki. Das Stück zeigt Schicksale des Lumpenproletariats im vorrevolutionären Russland. Damals war ich erstaunt, warum ein solches Stück in der Wohlstandsrepublik Deutschland gezeigt wurde. Ich hätte niemals für möglich gehalten, dass sich nur wenige Jahre später ein neues, diesmal deutsches Lumpenproletariat rund um das Theater niederlassen würde. Die Männer liegen im Gras, ihre letzte Habe neben sich. Andere besitzen wenigstens eine Kunststoffmatte, die die Bodennässe zurückhält. Ich kriege Gänsehaut, wenn ich die Eingeschlossenen und die Ausgeschlossenen so nah beieinander in meiner Nähe weiß.

Soll ich noch einen neuen Roman schreiben – oder besser nicht? Gibt es ein Publikum, das auf ein neues Buch von mir wartet? Oder lebe auch ich, wie die meisten Autoren, in einem Selbstmissverständnis, in einem privat fabrizierten Zugehörigkeitsmythos, der mir ein neues Buch schnöde abverlangt? Fragen dieser Art sind unangenehm, weil es auf den Narzissmus des Künstlers niemals eine befriedigende Antwort gibt. Hinter dem Narzissmus wartet ein sachliches Problem. Nämlich die Frage, ob ein »ordentliches«, sinnvoll abgeschlossenes Ende eines Schriftstellerlebens überhaupt möglich ist. Viele bedeutende Schriftsteller fanden zu ihrem Werk kein einvernehmliches Verhältnis. Der Begriff »Alterswerk« wird von den meisten Autoren zwiespältig bis abwehrend rezipiert. Die Lage ist paradox; es gibt wichtige Autoren, auf deren Jugendwerk wir notfalls verzichten können, auf ihr Alterswerk aber keinesfalls. Die meisten alten Schriftsteller wollen auf keinen Fall als Rentner gelten, obwohl ihnen nichts zu einem solchen fehlt, nicht die Müdigkeit, nicht die Erschöpfung, nicht die Depression, nicht die Krankheiten, nicht das Ruhebedürfnis, nicht der Überdruss am Kulturbetrieb. Inmitten dieser Bande von verneinenden Kräften erhebt der Greis sein jugendliches Haupt und verfasst ein Alterswerk. Denn es gibt keinen Autor, der zu sich selber sagt: So, nun habe ich zwölf

Romane, fünf Theaterstücke, zwei Bände Lyrik und drei Bände Essays geschrieben – das reicht. Der gewöhnliche Schriftsteller kann nur gewaltsam von seinem Werk getrennt werden: durch Krankheit, Alter, Tod. Die Trennung durch Krankheit oder Tod ist nicht elegant. Der Traum ist, dass das Ende des Werks und das Ende des Lebens (wie bei Beckett) in einem natürlichen Akt zusammenfallen. Es gibt Ausnahmen, sozusagen in beide Richtungen. Robert Musil war nicht in der Lage, sein ausgreifendes Hauptwerk »Der Mann ohne Eigenschaften« mit seinen Lebenskräften sinnvoll zu verrechnen, so dass er am Ende eben dieses Hauptwerk unvollendet zurücklassen musste. Ein Gegentyp zu Musil war Wolfgang Hildesheimer. Schon in seinen ersten Texten kokettiert er mit dem baldigen Ende seines Schreibens. In seinen 1962 erschienenen »Vergeblichen Aufzeichnungen« lesen wir gleich zu Beginn: »Mir fällt nichts mehr ein. Kein Stoff mehr, keine Fabel, keine Form, noch nicht einmal die vordergründigste Metapher. Alles ist schon geschrieben oder schon geschehen, wenn nicht beides, ja, meist sogar beides. Daher ist alles alt.« In diesem ernsten Ton hat Hildesheimer oft von dem immer gerade *jetzt* eintretenden Ende des Schreibens gesprochen – und schuf dabei ein umfangreiches, wichtiges Werk. Man kann sagen: Hildesheimer hat das Thema des Aufhörens »bewirtschaftet«. Das ist nicht der schlechteste Ausweg. Real war nur seine Angst, dass ihn das Ende des Schreibens genauso erschrecken würde wie ein wirklicher Tod. Man kann auch sagen: Er erlitt im Alter eine Art Realitätshemmung, eine Angst, *noch länger* das zu tun, was er sein ganzes Lehen getan hatte. Genauso ernst war ihm deswegen das dieser Angst abgetrotzte neue Buch. In diesem gespenstischen Zwischenreich einer komödiantisch werdenden Bedrohung spielt sich das vorgestellte Ende des Schreibens vermutlich oft ab.

Das jahrelange Pendeln zwischen Schwarzwald und Frankfurt machte mich zu einem Wiedergänger des Bahnhofs. Ich kam, wenn ich freitagsabends die Stadt verließ, häufig schon eine halbe Stunde früher zum Bahnhof, weil ich das Bahnhofsleben als solches anziehend fand und gerne beobachtete. Ich konnte einzelne Personenkreise ausmachen, die zwar keine Reisenden waren, sondern den Bahnhof als Operationsgebiet benutzten; also Bettler, Drogendealer, Hehler, Taschendiebe, aus Heimen geflohene Jugendliche, junge Mädchen, die sich als Prostituierte versuchten. Einer anderen Gruppe, für die ich keinen Namen weiß, gehörten Männer in mittleren Jahren an, die ebenfalls keine Reisenden waren und sich auch nur kurz im Hauptbahnhof aufhielten. Sie sind nicht gut gekleidet, ohne schon liederlich oder verkommen auszusehen. Die meisten dieser Männer tragen prall gefüllte Plastiktüten bei sich, manchmal auch Sportlertaschen, kleine Koffer oder halbgefüllte, manchmal auch flache Rucksäcke. Die Männer haben nur ein Ziel: die Schließfächer. Deren Schlüssel haben sie schon in der Hand, sie wissen, wo sich ihr Schließfach befindet. Einige der Männer haben auch zwei Schließfächer, ein großes, das sich am Boden der Schließfachwand befindet, und ein eher kleines von der Größe eines gewöhnlichen Reisekoffers. Das große öffnen sie zuerst. Es kommt ein Gestell aus Sperrholzplatten und diversen Leichtmetallstangen zum Vorschein: ein zusammengelegter Klapptisch. Im kleineren Schließfach befinden sich mehrere Plastiktüten mit eng übereinandergeschichteten Schmuckkästen. Es sind Broschen, Ohrringe, Halsketten, Armreife, Ringe. Die Männer sind fliegende Händler, die sich auf einen langen Tag vorbereiten. An Samstagen gehen viele von ihnen auf den Flohmarkt, an Wochentagen suchen sie sich einen Platz im Stadtinneren, was sie eigentlich nicht dürfen. Es sei denn, sie haben einen Gewerbeschein, der ihnen die freie Platzwahl erlaubt. An Sommertagen ist der Verkaufsplatz gleichzeitig eine Art Produktionsstätte. Die meisten von ihnen haben ihr Handwerkszeug dabei, das heißt mehrere Zangen, Silberdraht, gelochte Glasperlen und vorproduzierte Perlmuttplättchen und Hohlformen aus Kupfer und Feinblech. Der Mann, den ich heimlich betrachte, hat sein Gepäck auf beide Arme und einen Rucksack verteilt. Bevor er losgeht, holt er aus dem oberen Schließfach eine Flasche Cognac heraus, nimmt einen langen Schluck, stellt die Flasche in das Schließfach zurück, schließt das Fach ab – und geht los.

In jungen Jahren war ich mehrmals in Indien. Das Land zog mich an und erschreckte mich. Am beeindruckendsten fand ich den religiös motivierten Gleichmut der Inder. Viele Männer saßen reglos im Staub der Straßen, kauten Bethel, spuckten ihn wieder aus und redeten nicht. Wie war es ihnen möglich, die Nichtigkeit der Welt und ihre eigene nichtige Rolle darin dermaßen gelassen hinzunehmen? Ich gebe zu, dass ich die indischen Verhältnisse nicht ohne Herablassung und innere Besserwisserei ertragen konnte. Natürlich glaubte ich zu wissen, was die indischen Politiker anders und besser machen mussten, um ihr Land von der Lethargie zu befreien, ich war ein normal hochmütiger europäischer Schlauberger. Und natürlich war ich sicher, dass die indischen Zustände eine rein subkontinentale Angelegenheit seien und sonst nirgendwo anzutreffen waren. Wenn ich heute durch Frankfurts Straßen gehe, fühle ich mich zuweilen an Indien erinnert. Was ich nie für möglich gehalten habe, ist eingetreten: Auf manchen Straßen herrschen fast indische Zustände. In gewisser Weise sind die hiesigen Entwicklungen sogar dramatischer als die indischen. Ein gewöhnlicher indischer Bettler ist ein armer Brahmane, still, mager, reglos und sauber. Er sitzt aufrecht auf dem Boden und schaut voller Gottgefälligkeit in die Welt, von der er sich Hilfe erhofft. Dagegen sind die meisten Frankfurter Bettler nicht nur verkommen, sondern auch körperlich zerrüttet. Sie sind unfreiwillig zu Boden gesunken, ihre Körper sind zur Seite eingeknickt, sie leben zwar noch, haben aber kein Fünkchen Lebenswille mehr in sich. Die Erklärung ist einfach: Sie sind nicht nur arm, brotlos und ausgezehrt, sondern durch jahrelangen Konsum von Drogen und Alkohol so entkräftet, dass sie nicht einmal mehr sitzen können. Ich halte es für wahrscheinlich, dass es diese »unreine« Vergangenheit ist, die unseren sonst so spendierfreudigen Zeitgenossen den Griff in ihren Geldbeutel verleidet. Wir wollen, wie die Inder, dass der Bettler eine reine Figur sei, die ihrer Entsagung wegen nicht nur unterstützt, sondern sogar verehrt wird. Wir wollen, wie die Inder, einen ebenso edlen Bettler, wenn möglich sogar mit geistigem Hintergrund, wir wollen nicht wissen, dass der Drang nach Reinheit und Unberührtheit ein Hauptanliegen des Hinduismus ist. Wir wollen nicht wissen, dass dieser tief religiöse Hintergrund mit unseren kapitalistischen Verhältnissen nicht kompatibel ist, und deswegen können wir auch nicht wissen wollen, dass unser Glück nicht Sache einer Religion, sondern Teil eines immer unbekannten Schicksals ist, über das uns kein Hohepriester ein Sterbenswörtchen verrät.

Ich glaube nicht, dass es außer Frankfurt noch eine andere Stadt gibt, in der sich die folgende Szene abspielen kann. Wir befinden uns am Rand eines großen, nicht allzu teuren und deswegen beliebten Familienlokals. Die meisten Tische sind besetzt. Jüngere Ehepaare mit kleinen Kindern haben sich hier niedergelassen, zu ihren Füßen lehnen gefüllte Plastiktüten gegen die Tischbeine. Die Leute sind in entspannter Stimmung, vermutlich sind sie froh, dass sie das Gewühl in den Kaufhäusern hinter sich haben. Da und dort gibt es einen freien Tisch. Die Leute weichen vor ihnen zurück, weil Essensreste der Vorgängergäste nicht weggeräumt sind. Es handelt sich überwiegend um Pommes frites, die unschön in den Resten einer Sauce ausharren. Die Resteteller bleiben lange unangetastet. Das Restaurant will oder muss Kosten sparen, das Personal (drei Frauen) ist vollauf damit beschäftigt, neue Portionen und Bier und Limonade auszugeben. Die Bedienerinnen haben nicht einmal Muße, dann und wann über den Rand ihrer Theke hinauszuschauen. Deswegen sehen sie nicht, dass sich um die Essensreste herum längst Tauben niedergelassen haben. Rätselhaft ist allenfalls, warum die am Rand des Lokals sitzenden Krähen die leeren Tische nicht erobern. Auch sie haben Hunger, aber sie halten sich zurück. Es sieht so aus, als hätten sie einfach mehr Stil als die Tauben – aber es sieht nur so aus. Die Tauben picken ohne

Unterlass nach den übrig gebliebenen Pommes, die sie leider nicht auf einen Sitz verschlingen können. Sie wirbeln die aus ihrem Schnabel herausragenden Kartoffelstäbchen herum, aber diese fallen nicht wie erwünscht auseinander, knicken nicht ab und werden auch sonst nicht kleiner. Der eine und andere Vogel stößt ohne Absicht ein Stäbchen zurück in die Sauce; das eingetauchte Kartoffelstäbchen bekleckert beim Herumgewirbeltwerden den seidig schimmernden Hals oder das zartfarbene Brustgefieder. Ein paar Kinder haben das Spektakel mitverfolgt und fangen an zu lachen. Leider wissen die Tauben nichts von ihrer kindischen Lächerlichkeit, und sie ahnen auch nicht, dass sie sich mehr und mehr vollkleckern. Es ist sonderbar, dass Stadttiere im Handumdrehen Teile eines allgemeinen Unterhaltungstheaters werden können. Es ist der ewig weiterlaufende Stummfilm des Naturtheaters, dem immer noch die überraschendsten Effekte gelingen. Einige Väter nutzen den Anblick der Vögel und ermahnen ihre Kinder: So siehst du auch gleich aus, wenn du nicht aufpasst. Die Tauben sind sogar erregt. Selten fällt ihnen soviel Nahrung auf einmal zu. Aber da passiert es: Ein älterer Mann mit Handtuch, wahrscheinlich der Besitzer, tritt hervor und verscheucht die Tiere. Ein Vogel ist ungeschickt und streift beim Abflug mit einem Flügel die Sauce. Ein Gejohle bricht aus, als wäre dem Tier eine besondere Nummer gelungen.

Ein Trost während meines Schulwegs waren zwei kleine Kioske, schmale Häuschen, ein älteres Modell aus Holz, das andere aus richtigen Backsteinen gemauert. Es waren überwiegend Schulkinder, die ihren Schulüberwindungsbedarf hier kauften, Objekte der Verzauberung, die es bis in die sechziger Jahre gab, später nicht mehr. Das schlichteste Objekt war die gemeine Zuckerstange, fingerdicke Stäbchen, die es in zwei Größen gab. Die andere Beglückung am Kiosk war der sogenannte Waffelbruch, zerbrochene Waffelstücke, die die Hersteller nicht wegwerfen wollten. Sie sammelten sie in kleinen Tüten, die ein paar Pfennige kosteten. Wenn man Glück hatte, klebte an mancher Waffel noch ein Stück Zuckerzeug. Die dritte Wegzehrung war der Höhepunkt des ganzen Schulwegs, die zehn Pfennige kostete: die Wundertüte. Es war eine zugeklebte Papiertüte von der Größe einer Brieftasche. Ihr Inhalt: zwei oder drei Bonbons, ein Kaugummi, ein Luftballon – und ein winziger Plastikring oder eine Brosche aus Blech, die sich die Mädchen sofort an den Pullover hefteten. Das Angebot der Kioske war sehr klein. Außer dem Kinderkram verkaufte der Mann hinter der Theke ein oder zwei Tageszeitungen und – für die Mütter – zwei Modezeitschriften mit Schnittbögen. Die heutigen Kioske haben mit ihren Vorläufern fast nichts mehr zu tun. Ihr Angebot haben sie ins fast Unermessliche erweitert. Sie führen nach wie vor auch Süßigkeiten, aber Kinder zählen heute zu ihren seltensten Kunden. Die Hauptklientel sind Erwachsene, die keine Zeit für den Supermarkt hatten. Auf einen Einkaufskiosk (so werden sie heute genannt) kann man sich immer verlassen, denn die meisten haben bis 23.00 Uhr geöffnet. Sie bieten alles an, was der Mensch plötzlich braucht: Schnittbrot, Käse, vakuumverpackte Wurst, Postkarten, Zeitschriften, Kugelschreiber, Präservative, Filme, Nylonstrümpfe, Milch und, vor allem, Alkohol, sozusagen für jeden Bedarf und fast in jeder Menge. Man muss nicht einmal genau hinschauen, um sofort zu begreifen, dass die Kioske heute vor allem Alkoholstationen sind. Bis kurz vor Thekenschluss erscheinen Männer mit leeren Taschen und kaufen Bier, Korn, Cognac. Es fällt auf, dass sich die Männer nicht mehr (wie früher) an die Kiosktheke stellen, zwei Biere trinken und dann weiterziehen. Der Trinker von heute ist eine diskrete Suchtpersönlichkeit geworden, die ihr Laster kaum noch öffentlich zeigt – Extremfälle ausgenommen. Der Trinker erscheint spät mit der leeren Aktentasche, packt drei oder vier Flaschen ein – zahlt und trinkt zu Hause. Ob das ein Vorteil ist? Vermutlich nicht. In den eigenen vier Wänden ist die Schamgrenze am niedrigsten, die Toilette am nächsten, und der öffentliche Selbstverrat fällt ganz aus.

Ein Vorteil der Kleinmarkthalle ist, dass ihre Maße tatsächlich bescheiden sind. Sie hat zwei Eingänge, die gleichzeitig Ausgänge sind, dazu zwei Nebeneingänge, für die dasselbe gilt. Weil sie auch nicht spektakulär ist, wird sie auch keine Touristenattraktion. Man kann mit der Kleinmarkthalle nicht angeben. Wer hier reinkommt, will sich wirklich nur Kartoffeln, Radieschen oder ein neues Alpenveilchen kaufen. Und dann rasch wieder verschwinden, ohne sich durch ein Gedrängel durchkämpfen zu müssen. Ein zweiter Vorteil ist: Die Kleinmarkthalle befindet sich in der Innenstadt. Und weil auch die Innenstadt nicht groß ist, findet sie auch der unkundige Besucher schnell. Die Kleinmarkthalle ist beliebt. Es gibt Menschen, die (sozusagen) nur aus sozialhygienischen Gründen hier sind. Man sieht ihren angestrengten Gesichtern an, dass ihnen der Alltag zur Zeit heftig mitspielt, und deswegen bedürfen sie zwischendurch einer schnell wirkenden Belebung, die nichts kostet und den ganzen Körper ergreift. Es sind lebensfrohe Anblicke: eine saftige Schinkenkeule, ein Berg von Orangen, eine große Forelle, belgische Pralinen, Austern und Muscheln. Längs der hinteren Wand haben sich mehr und mehr – wie soll man sie nennen? – fliegende Kleinlokale eingerichtet. Fastfoodbistros sind es nicht, es wird richtig gekocht und zubereitet. Der Platz reicht nur für winzige Tische und winzige Stühle, da und dort sind es auch Barhocker und entsprechend hochgestellte Tische. Hierher kommen junge Ehepaare mit Kindern, die in der Stadt schon eine Menge Geld ausgegeben und plötzlich das Gefühl haben, dass sie mal wieder ein bisschen sparen müssten. Aber die Ehefrau soll für den anstrengenden Tag nicht bestraft werden, indem sie jetzt auch noch kochen muss. Die Familie sucht sich einen Stand, an dem es halbe Hähnchen, Pizza oder Würstchen mit Salat gibt. Ein dritter Vorteil ist, die Kinder müssen hier nicht beaufsichtigt werden. Sie haben genug zu gucken, außerdem gibt es überall Kostproben: Schokolade, Marzipanrüben, Pralinen, Zuckerwatte. Die Eltern klettern auf zwei Barhocker und wissen nicht recht, ob sie für die Kinder mitbestellen sollen. Die Kinder sind sowieso viel zu aufgeregt, um an das Mittagessen zu denken. Sie rennen herum und winken zwischen den Ständen hervor.

Die moderne Stadt bringt kaum noch bemerkenswerte ästhetische Reize hervor, die von den Menschen ein längeres Verweilen fordern. Die Straßen ähneln einander, die modernen Zweckbauten ebenfalls. Die Schlichtheit als Struktur herrscht nicht nur in Köln oder Hannover oder Stuttgart, sondern auch in Frankfurt, und in Frankfurt besonders. Die Gesichtslosigkeit der Moderne wird oft beklagt, ist aber unaufhebbar. Der Hauptgrund der Gleichförmigkeit liegt in den Kriegsfolgen, was immer mal wieder vergessen wird. Denn die meisten der neuen Bauten stehen noch nicht allzulange und erinnern doch nicht mehr an den Zweiten Weltkrieg. Damals, Ende der vierziger und Anfang der fünfziger Jahre, wurden die zerstörten Städte im Hauruck-Verfahren schnell und ideenlos wieder aufgebaut. Der Wiederaufbau geriet lieblos, weil die notleidenden Menschen nicht lange warten konnten. Es fragte damals niemand nach irgendwelchen ästhetischen Erwartungen. Im Gegensatz etwa zur Gründerzeit gab es keinen irgendwie bedeutsamen Stil, in dem sich die Zeit hätte spiegeln und gleichzeitig über sich selbst hätte hinausweisen können. Um den Zweckstil der fünfziger Jahre zu vermeiden, hätte es einer allgemeinen Willensbildung und einer ebensolchen Willensäußerung bedurft, die in der Ratlosigkeit der fünfziger Jahre nicht zu haben waren. Übrig geblieben von dieser Not ist ein geringes Angebot an neuen Sehenswürdigkeiten; sie zwingt die Stadt und ihre Bewohner, ohne Anleitung und ohne fremde Hilfe selbstentdeckte Sehenswürdigkeiten aufzuspüren. Das kann gelingen, kann aber auch schiefgehen. Bis heute kann man am Durcheinander der Innenstädte ablesen, dass es keine Instanz gab, die die Einzelheiten der »neuen« Städte sinnvoll aufeinander abgestimmt hätte. Die Elemente der Stadt sind nur angesammelt und aufgehäuft, gegeneinandergeschoben und aneinandergedrückt. Schon ist der geringe Platz wieder vollgebaut und zeigt uns nichts als seine Merkwürdigkeit. Das Umhergehen in vollständig kommerzialisierten Umgebungen macht uns zu Minimalisten des Sehens, die sich schon mit kleinen Entdeckungen zufriedengeben müssen. Der Anfang dieser Entwicklung liegt in der unmittelbaren Nachkriegszeit. In der Industriestadt, in der ich in den fünfziger Jahren aufgewachsen bin, gab es viele zerstörte Häuser und Brücken und keine Beatniks, keine Rock'n Roll-Krawalle, keine Prügeleien mit der Polizei, keine Straßenschlachten wegen irgendwas, keine Jugendgangs, denen ich mich hätte anschließen können, sondern es gab – mitten zwischen den Trümmern – zwei italienische Eissalons und zwei Tanzschulen. Heute muss ich zugeben: Das hat gereicht. An dieses Angebot konnte sich das aufstrebende Ich wenden. Ich war oft in den Eissalons und besuchte die Tanzschule. Wie soll man Genügsamkeit beschreiben oder begründen? Wir sind in der Flüchtigkeit des vorübereilenden Lebens kaum fähig, genau zu denken und genau zu sprechen, von der Entdeckung unserer Wünsche zu schweigen. Mir fällt oft erst Tage später ein, was ich über den Mangel der vorigen Woche hätte sagen können. Da verlässt – wir sind jetzt wieder auf der Zeil – ein kleiner gedrungener Mann ein großes Kaufhaus. Hinter dem Mann geht eine fast ganz verhüllte Frau, offenbar ein türkisches Ehepaar. Der Mann trägt eine große Plastiktüte, die er in der Nähe des Zeil-Denkmals öffnet. Er entnimmt der Tüte ein neues Sakko, das er sich erst vor wenigen Minuten gekauft hat. Er zieht sein gebrauchtes Sakko aus und übergibt es samt der Tüte und einem hölzernen Kleiderbügel seiner neben ihm wartenden Ehefrau. Der Mann geht in seinem neuen Sakko ein paar Schritte hin und her, die Ehefrau begutachtet ihn und streicht dem Mann begütigend über den Rücken. Es ist rührend und lächerlich. Das alte Sakko steckt der Mann in die Tüte, den Kleiderbügel hängt er an das Denkmal. Das monumentale Denkmal kann die Zeil nicht von ihrer rasenden Starre befreien. Kleiderbügel sind unzerstörbar, sie sind ein Teil der Kultur, vermutlich haben sie teil an der Ewigkeit. Der Türke bemerkt nicht, dass ihm beiläufig eine Verwandlung von Gegenwart in Dauer gelungen ist. Das merkwürdige Denkmal, das kaum einer begreift, ist durch den Kleiderbügel grotesk-großartig geworden. Auch jetzt schaut niemand das Denkmal an. Mit langsamen Schritten wankt das türkische Ehepaar davon.

Auf dem niedrigen Mäuerchen rings um die Hauptwache sitzt eine bunt gemischte Gruppe. Am auffälligsten sind die hoffnungslosen Fälle: abgestürzte Alkoholiker und Obdachlose, Drogenabhängige und Freaks. Sie haben zwar einen Pappbecher vor sich stehen, aber sie können nicht mehr trinken, dazu fehlt ihnen die Kraft und auch das Geschick. Ihre widerstandslose Verkommenheit hindert die Wohlmeinenden, ihre Geldbeutel zu öffnen. Genau neben den Verlorenen kichern viele Jugendliche. Mit ihren Skateboards überspringen sie zwei oder manchmal drei Treppenstufen, ohne zu stürzen. Manchmal klappt es nicht, dann rutschen sie aus und landen mit den Knien auf den Marmorplatten des Gehwegs. Aber ein Sturz ist nicht schlimm. Die Jugendlichen sind hervorragend ausgerüstet. Sie tragen wie Eishockeyspieler dicke Knieschützer und ebensolche Ellenbogenpolster. Noch etwas weiter weg stehen und liegen ein paar Halbwüchsige, die mich am meisten interessieren. Sie tragen modisch zerfetzte Jeans, ein T-Shirt, darüber eine schwarze Lederjacke, im Gesicht eine Sonnenbrille, am Hals ein Goldkettchen oder ein Lederhalsband. Ihr wichtigstes Kennzeichen: Alle, Jungen und Mädchen, haben eine offene Bierflasche in der Hand. Die Bierflasche ist das wichtigste Zeichen ihres Designs. Denn die Bierflasche gibt ihnen etwas proletarisch Außenseiterisches, ein Signal des Ausgeschlossenseins und der Deklassierung, der ästhetisch gewordenen Hoffnungslosigkeit. Sie schauen verächtlich umher und machen die eine oder andere halblaute Bemerkung über die Leute um sie herum, die üblichen Kleinbürger, die für ihre Kinder schon wieder neue Latzhosen und nette Schühchen kaufen. Ein paar der jugendlichen Trinker tragen große schwarze Sonnenbrillen und graue Kapuzenpullover, die ihrem Outfit einen Schuss lauernder Gewaltbereitschaft verpassen. Andere haben gefärbtes Haar und gepiercte Lippen und absichtlich vernachlässigte oder verschmutzte Kleidung, von der ein punkiger *touch* ausgeht. Man weiß oder kann sich denken, gegen wen sich die Verachtung richtet: gegen die überangepassten Eltern und die auf Anpassung drängenden Lehrherrn, sofern vorhanden. Merkwürdig ist nur die Vorstellung, warum ausgerechnet von einem proletarischen Design eine Art Widerstand ausgehen soll. Wissen die Jugendlichen nicht, dass die heutigen Proletarier die angepasstesten Menschen überhaupt sind, wissen sie nicht, dass der endlich aufgestiegene Arbeiter mit großem Stolz seinen VW in die Garage lenkt und schon an Weihnachten darüber nachdenkt, wohin die Familie im kommenden Sommer in Urlaub fahren soll? Die heutigen Wunschproletarier wirken wie stehengebliebene Ikonen aus dem 19. Jahrhundert: damals, als Marx und Engels auf den Pauperismus des einfachen Volkes aufmerksam machten, long long ago.

Mindestens einmal am Tag rutscht mir etwas aus der Hand. Ein Buch, ein Brief, eine Gabel oder die Armbanduhr. Mich beunruhigen diese kleinen Zwischenfälle nicht wirklich. Ich stelle mich eine Weile ans Fenster und denke darüber nach, ob es simulierte Ruhe gibt oder nicht. Aber mein Denken dringt nicht mit der nötigen Schärfe in die Frage ein und wird ihrer auch rasch überdrüssig. Dabei hätte ich wahrscheinlich Grund, der Sache nachzugehen. Bis vor einigen Jahren ist mir kaum je etwas auf den Boden gefallen. Entweder ich hatte etwas in der Hand oder ich hatte nichts in der Hand. Die eigentliche Beunruhigung kommt erst ein oder zwei Tage später. Ich hebe die auf den Boden gefallenen Sachen nicht wieder auf. Wenn es die Armbanduhr ist, denke ich: Ach Gott, die Uhr, habe ich sie je gebraucht? Ich sehe auf meinen kleinen satellitengesteuerten Wecker, das genügt. Und in der Stadt brauche ich meine Armbanduhr erst recht nicht, weil es dort Uhren genug gibt. Ein wenig heikel wird die Lage, wenn im Flur zum Beispiel zwei Gegenstände liegen, sagen wir: eine Socke und ein Buch. Dann wird die Frage, ob mich das stört oder nicht, schon schwieriger. Im allgemeinen gilt das Prinzip: Ich bin nicht mehr jung, ich kann auf einen Teil der allgemeinen Ordentlichkeit inzwischen verzichten. Wenn es nur wahr wäre! Es ist genau umgekehrt: Erst im Alter wird das Verlangen nach Ordnung penetrant und unangenehm, zuweilen grotesk, weil zu stark. Ein unangenehmes Beispiel belästigt mich schon viel zu lange: Eine Weile habe ich nicht bemerkt, dass ich in immer kürzer werdenden Abständen nach meiner Brieftasche greife – nur um wieder sicher zu sein, dass sie noch da ist. Die Brieftasche war nie weg, meine Angst leider auch nicht. Das weiß ich schon seit langer Zeit, eben deswegen befremden mich die neuartigen Kontrollgriffe nach diesem und jenem. Ich lache über sie, aber das Lachen ist künstlich und drückt meine Irritation nicht aus. Das Problem wird auch dadurch nicht erträglicher, wenn ich dasselbe Verhalten an anderen alten Leuten beobachte. Neulich fiel mir eine weißhaarige Oma in der U-Bahn auf. Sie drückte sich ihre Handtasche mit beiden Händen gegen den Unterleib und hatte außerdem ihren linken Arm durch die Henkel der Tasche geschoben. Gegen diese Sicherheitsmaßnahmen war jeder Handtaschenräuber machtlos. Ich bemerkte nicht, dass ich während meiner Beobachtung wieder mehrfach nach meiner Brieftasche fasste. Die Ablenkung gelang erst mit zwei jungen Männern, die mit ihren Fahrrädern in die U-Bahn kamen und ihre Räder in dem freien Raum zwischen zwei Ausgängen abstellten. Früher hätte ich das nicht einmal bemerkt! Aber neuerdings empöre ich mich – leise, im Innern – gegen die Rücksichtslosigkeit der Radfahrer. Ich weiß nicht, warum die Überempfindlichkeit auch noch verlangt, dass ich sie ausdrücke. Die Überempfindlichkeit hat einen neuen Kompagnon: die Altersreizung.

Wahrscheinlich gibt es eine öffentliche und eine private Form des Alterns. Das öffentliche Altern zeigt sich, das private ist versteckt und bleibt stumm. Das private Altern ist das leidvollere. Wenn ich zum Beispiel die Treppe zu einer U-Bahn-Station hinuntergehe, peinigt mich die Angst, dass ich demnächst die Stufen hinabstürzen werde. Ein paar Mal war ich schon nahe dran, aber ich hatte jedesmal Glück. Es braucht nicht viel, um auf die Nase zu fallen. Zum Beispiel bleibt man mit dem Absatz an der vorigen Stufe hängen, und schon ist für ein paar Sekunden das Gleichgewicht weg. Also gehe ich extra langsam die Treppe hinunter. Wenig später, als ich in die überfüllte U-Bahn zusteige, überfluten mich unangenehme Empfindungen. Die Leute um mich herum sind Ausländer, schwarze, gelbe, weiße, sie sprechen Sprachen, die ich nicht verstehe. Ich weiß, dass meine Empfindungen schwindeln. Ich habe mal wieder Angst davor, eines Tages fremdenfeindlich zu werden, wenn die Starrheit noch starrer und die Finsternis noch finsterer wird. Ein paar Stationen weiter legt sich die Angst und mit ihr der Argwohn. Jetzt rede ich pädagogisch auf mich ein und verwende dabei Sätze, die ich nicht gerne höre, wenn sie von anderen benutzt werden. Ich weiß, in ungünstigen Augenblicken ist Altern nichts weiter als eine Selbstdrosselung, eine Sackgasse ohne Rückkehr.

Ausflug 1. Wir fahren von Frankfurt aus mit der S-Bahn nach Wiesbaden. Dort, am Bahnhof, steigen wir in einen Bus, der uns nach Schierstein-Hafen bringt. Schierstein-Hafen ist ein kleiner Ort am Rhein, und hier beginnt der Ausflug. Von Schierstein-Hafen führt ein Weg direkt am Rhein entlang. Im ganzen Rhein-Main-Gebiet gibt es keine andere Route, die uns direkt in Ufernähe nach Norden führt. Das Schöne daran ist: Wir schauen weder von oben auf den Fluss noch aus weiter Ferne. Die Augenhöhe ist der Grund, warum der Fluss ganz dicht an uns herantritt und dadurch erheblich breiter wirkt, als er de facto ist. Momentweise verlieren wir das Gefühl, dass es sich um einen Fluss handelt. Dann denken wir: Es ist in Wahrheit ein See, mindestens ein Delta, das bald in ein Meer einmündet. Das tut der Rhein nicht, jedenfalls nicht hier. Sondern er fließt ruhig, wenn auch mit enormer Kraft nach Norden. Wie stark die Strömung ist, sehen wir, wenn zwei Rheinschiffe an uns vorüberbollern, von denen das erste das Antriebsschiff und das zweite das Schleppschiff ist. Beide sind mit starken Stahlseilen miteinander verbunden, weil das Schleppschiff vom vorausfahrenden Schiff gezogen wird. Als ich das Schauspiel wiedersehe, stockt mir kurz der Atem. Denn ich sehe, dass ein paar Jungs genau das machen, was ich als Kind ebenfalls gerne tat. Die Jungs versuchen, sich auf die durchhängenden Schleppseile zu stellen, um die Lust des Schaukelns im Wasser zu empfinden, wenn die Schleppseile ein wenig durchhängen und sich dann plötzlich wieder anspannen. Ein falscher Schritt oder ein plötzlicher Ruck der Schleppseile genügt, und die Jungs rutschen von den Seilen und werden gegen den Bug des nachfolgenden Schiffs getrieben. Was dann passieren könnte, kann man nur fürchten: Die Jungs können sich schwimmend in der Strömung nicht rasch genug vom langen Schiffsrumpf entfernen und geraten in den Sog der Schiffsschraube. Aber alles geht gut. Hinter der Schiffsschraube tauchen die drei Kinderköpfe über der Wasseroberfläche wieder auf und werden schnell abgetrieben. Ich nähere mich meinem Ziel, dem rheinhessischen Weinort Eltville. An Wochenenden strömen Hobbytrinker aus allen Winkeln herbei und besetzen die Holzbänke. Aber heute ist ein gewöhnlicher Werktag, der Betrieb ist erträglich. Das gilt auch für den Rheinpfad selbst. An Wochentagen trifft man nur ein paar Müßiggänger. Aber am Wochenende bricht hier die Freizeitleidenschaft der Radfahrer aus. Sie rasen gern den Weg entlang, erwarten von den Fußgängern, dass sie zur Seite treten, damit sie unbehindert weiterdüsen können. Von Eltville sind es nur ein paar Schritte zum Bahnhof, der genauso schön verlassen inmitten der Landschaft liegt wie die Provinzbahnhöfe in französischen Spielfilmen der sechziger Jahre. Man muss den Fahrplan nicht kennen. Früher oder später kommt ein Zug und bringt die Ausflügler zurück.

Ausflug 2. Bergen-Enkheim ist ein Ort, von dem man glauben könnte, dass er vom nahen Frankfurt noch nie etwas gehört hat. Dabei ist er nur eine mäßig lange Busfahrt von der so ganz anderen Stadt entfernt. Bergen-Enkheim ist bis heute ländlich, die Gassen sind eng, an fast jeder Ecke steht ein liebevoll gepflegter Fachwerkbau. Geschäfte gibt es eigentlich nur in der Hauptstraße, der Marktstraße, die hinter dem alten Rathaus ein wenig breiter wird und momentweise vergessen lässt, dass wir uns auf dem Land befinden. Wenn nicht alles täuscht, ist Bergen-Enkheim in den letzten Jahren für die *happy few* interessanter geworden. Es gibt hier teure Modeläden, Cafés, attraktive Restaurants, Reisebüros, Boutiquen. Dennoch sieht man an Werktagen nur wenige Passanten. Es sind scheue Einwohner, die zuerst die Fremden mustern, ehe sie in die Bäckerei gehen und ein halbes Biobrot kaufen. Noch fremder ist das Geräusch, das am Himmel entlangzieht: riesige Flugzeuge, die in niedriger Höhe den Ort überqueren. Wer aus Frankfurt anreist, kommt wegen der landschaftlichen Umgebung, die man hier nicht erwartet, wenn man nicht von ihr weiß. Wer die Marktstraße entlanggeht, kann jede Gasse benutzen, die nach rechts hinabführt, und in der Ferne die breite Mulde sehen, in deren Zentrum sich Frankfurt erhebt. Je länger man den Wegen folgt, desto stiller wird das Umfeld. Kein Auto, kein Motorrad, kein Radler, kein

Geräusch – bis das nächste Flugzeug naht. Als Stadtschriftsteller bin ich es nicht gewohnt, Landschaften zu beschreiben, aber hier könnte ich mit Üben anfangen. Die Bergener Landschaft ist kein Park, und sie soll auch keiner werden. Man muss den Hang auch nicht bis ganz nach unten hinabsteigen, bis in die Ebene. Es gibt, auf verschiedenen Höhen, immer wieder Querwege, die in die Horizontale führen. Die Wege sind nicht hergerichtet für Spaziergänger, sondern (sozusagen) naturbelassen, in halbwildem Zustand. Es gibt keine Sitzbänke, keine Papierkörbe, keine Wegweiser. Die Wege werden auch von landwirtschaftlichen Fahrzeugen benutzt, das heißt sie sind rumplig und haben zum Teil tiefe Schlaglöcher, in denen sich kleine schlammige Pfützen bilden. Ringsum Obstwiesen, Grasflächen, Weinstöcke, vergessene Bäume, die unten noch belaubt sind, weiter oben schon schwarz und abgestorben. Ich habe es bis jetzt nur zum Vogelliebhaber gebracht, leider nicht zum Vogelkenner. Das heißt, ein paar der zahlreich umherschwirrenden Tierchen kann ich identifizieren, ich nenne die Namen nicht, jeder kennt sie. Es passt in diese Landschaft, dass sie mich an meine schon lange tote Schwiegermutter erinnert. Sie fühlte sich als eminente Tierfreundin, die die Vögel tatsächlich »unsere gefiederten Freunde« nannte. Es störte sie nicht, dass man dann über sie lachte. Ich muss immer noch über sie lachen, niemand sieht es, niemand hört es.

Wilhelm Genazino im dtv

»So entschlossen unentschlossen, so gezielt absichtslos, so dauerhaft dem Provisorischen zugeneigt, so hartnäckig dem Beiläufigen verbunden wie Wilhelm Genazino ist kein anderer deutscher Autor.«
Hubert Spiegel in der ›Frankfurter Allgemeinen Zeitung‹

Abschaffel
Roman-Trilogie
ISBN 978-3-423-13028-8
Abschaffel, Flaneur und »Workaholic des Nichtstuns«, streift durch eine Metropole der verwalteten Welt und kompensiert mit innerer Fantasietätigkeit die äußere Ereignisöde seines Angestelltendaseins.

Ein Regenschirm für diesen Tag
Roman
ISBN 978-3-423-13072-1
Geld verdienen kann man mit den unterschiedlichsten Tätigkeiten. Zum Beispiel, indem einer seinem Bedürfnis nach distanzierter Betrachtung der Welt folgt, als Probeläufer für Luxushalbschuhe …

Eine Frau, eine Wohnung, ein Roman
Roman
ISBN 978-3-423-13311-1
Weigand will endlich erwachsen werden und die drei Dinge haben, die es dazu braucht: eine Frau, eine Wohnung und einen selbst geschriebenen Roman.

Fremde Kämpfe
Roman
ISBN 978-3-423-13314-2
Da die Aufträge ausbleiben, versucht sich der Werbegrafiker Peschek auf fremdem Terrain: Er lässt sich auf kriminelle Geschäfte ein …

Die Ausschweifung
Roman
ISBN 978-3-423-13313-5
›Szenen einer Ehe‹ vom minutiösesten Beobachter deutscher Alltagswirklichkeit.

Die Obdachlosigkeit der Fische
ISBN 978-3-423-13315-9
Eine Lehrerin an der Schwelle des Alterns vergewissert sich einer fatal gescheiterten Jugendliebe inmitten einer brisanten Phase ihres Lebens.

Der gedehnte Blick
ISBN 978-3-423-13608-2
Ein Buch über das Beobachten und Lesen, über Schreibabenteuer und Lebensgeschichten, über Fotografen und über das Lachen.

Wilhelm Genazino im dtv

»Wilhelm Genazino beschreibt die deutsche Wirklichkeit zum Fürchten gut.«
Iris Radisch in ›Die Zeit‹

Achtung Baustelle
ISBN 978-3-423-13408-8
Kluge, ironisch-hintersinnige Gedanken über Lesefrüchte aller Art.

Die Liebesblödigkeit
Roman
ISBN 978-3-423-13540-5
und dtv großdruck
ISBN 978-3-423-25284-3
Ein äußerst heiterer und tiefsinniger Roman über das Altern und den Versuch, die Liebe zu verstehen.

Mittelmäßiges Heimweh
Roman
ISBN 978-3-423-13724-9
Schwebend leichter Roman über einen unscheinbaren Angestellten, der erst ein Ohr und dann noch viel mehr verliert.

Das Glück in glücksfernen Zeiten
Roman
ISBN 978-3-423-13950-2
Die ironische und brillante Analyse eines Menschen, der am alltäglichen Dasein verzweifelt.

Die Liebe zur Einfalt
Roman
ISBN 978-3-423-14076-8
Deutschland in den Wirtschaftswunderjahren – doch warum, fragt sich der heranwachsende Erzähler, nehmen *seine* Eltern nicht am Aufschwung teil?

Aus der Ferne · Auf der Kippe
Bilder und Texte
ISBN 978-3-423-14126-0
Ein Fotoalbum der etwas anderen Art.

Wenn wir Tiere wären
Roman
ISBN 978-3-423-14242-7
»Ein ebenso skurriler wie vergnüglicher Roman.« (NZZ)

Leise singende Frauen
Roman
ISBN 978-3-423-14292-2
»Exkursionen zu den verborgenen Ereignissen der Poesie« (Die Zeit).

Idyllen in der Halbnatur
ISBN 978-3-423-14328-8
Kurzprosastücke aus den Jahren 1994 bis 2010.